ANHUISHENG DIANLI HANGYE

ZHIYE JINENG JIANDING GONGZUO SHOUCE

安徽省电力行业
职业技能鉴定工作手册

李永卓◎主编

合肥工业大学出版社

图书在版编目(CIP)数据

安徽省电力行业职业技能鉴定工作手册/李永卓主编. —合肥:合肥工业大学出版社,2016.12

ISBN 978-7-5650-3127-4

Ⅰ.①安… Ⅱ.①李… Ⅲ.①电力工业—职业技能—鉴定—工作—安徽—手册 Ⅳ.①F426.61-62

中国版本图书馆 CIP 数据核字(2016)第 296220 号

安徽省电力行业职业技能鉴定工作手册

主 编 李永卓		责任编辑 张择瑞	
出 版	合肥工业大学出版社	版 次	2016 年 12 月第 1 版
地 址	合肥市屯溪路 193 号	印 次	2016 年 12 月第 1 次印刷
邮 编	230009	开 本	710 毫米×1000 毫米 1/16
电 话	理工教材编辑部:0551-62903204	印 张	8.5
	市 场 营 销 部:0551-62903198	字 数	103 千字
网 址	www.hfutpress.com.cn	印 刷	安徽联众印刷有限公司
E-mail	hfutpress@163.com	发 行	全国新华书店

ISBN 978-7-5650-3127-4 定价:25.00 元

如果有影响阅读的印装质量问题,请与出版社市场营销部联系调换。

前　　言

开展职业技能鉴定，推行职业资格证书制度，是落实党中央、国务院提出的"科教兴国"战略方针的重要举措，也是我国人力资源开发的一项战略措施；对于提高劳动者素质，加强技能人才培养，完善劳动力市场建设以及深化国有企业改革，促进经济发展都具有重要的意义。

本手册以中华人民共和国人力资源和社会保障部及电力行业职业技能鉴定指导中心的相关文件为依据，按照安徽省电力行业职业技能鉴定中心2015年安徽省电力行业职业技能鉴定站评估检查通报（皖电技鉴〔2015〕14号）文件的要求，结合工作实际，以电力行业职业技能质量评估体系为框架，将各项工作制度、工作规程、工作表格进行了提炼和整理；希望为员工了解职业技能鉴定工作，参加鉴定考试提供帮助，为单位和职业技能鉴定站提供参考和依据。

本手册编写组由李永卓任组长；胡峰、许飞、李晓、杨伟春任副组长。

本手册共分为12章，其中第1章、第2章、第3章、第4章由安徽省第一火电建设国家职业技能鉴定站（国网安徽省电力公司安庆供电公司）肖国平完成，参加编写人员：孔岢然、姚建、韩有国；第5章、第11章、第12章由安徽省第一供用电职业技能鉴定站（国网安徽省电力公司淮南供电公司）时钟旗完成，参加编写人员：刘心炜、丁一；第6章、第7章由安徽省第三火力发电国家职业技能鉴定站（国网安徽省电力公司电力科学研究院）黄向信完成，参加编写人员：刘峰、胡先进、孔明；第8章、第9章、第10章由安徽省第一火力发电国家职业技能鉴定站（国网安徽省电力公司培训中心）陈维国完成，参加编写人员：高贺、任启俊、张颖、王华。本手册由省电科院刘峰总编校。

希望广大读者对本书提出宝贵的意见和批评，对其中不妥之处予以指正。

安徽省电力行业职业技能鉴定中心

2016 年 6 月

目　　录

第一章　鉴定资质

1.1　鉴定资格

鉴定站要具有人社部审查批准的职业技能鉴定许可证，严格按照许可证上的许可范围开展鉴定工作，并按要求时间进行年检。（许可证扫描件要求见附件1.1-1）

1.2　人员配备

各岗位配备相应的责任人和工作人员，通过组织各项培训、考核，确保人员能够胜任所从事的工作。

1.×××国家职业技能鉴定站岗位设置表（见附表1.2-1）

2.×××国家职业技能鉴定站岗位任命及聘用文件（见附件1.2-1）

3.×××国家职业技能鉴定站考评员配备名单（见附件1.2-2）

第二章 岗位设置

2.1 领导岗位

2.1.1 站长岗位职责

1. 负责技能鉴定站的全面工作。

2. 认真贯彻执行国家有关职业技能鉴定的方针、政策及规定；在技能鉴定工作中体现公平、公正、公开，诚信服务等精神。

3. 建立健全鉴定站各项管理规章和制度，保证其严格有效执行。

4. 负责审批鉴定站各项费用收支，负责各类经费的上缴、落实，确保鉴定费用专款专用。

5. 负责审批鉴定站上报鉴定中心的工作计划、工作总结、报表等相关资料。

6. 负责组织完成鉴定中心安排的各项任务，落实各项管理工作，确保技能鉴定质量。

7. 参加鉴定中心组织的工作会议，执行上级布置的任务。

8. 负责对外宣贯国家职业技能鉴定方针、政策。

9. 负责处理鉴定过程中的突发应急事件。

2.1.2　副站长岗位职责

1. 在技能鉴定站站长的领导下，做好分管工作。

2. 认真贯彻执行上级有关职业技能鉴定工作的方针、政策及规定。

3. 负责鉴定站日常管理工作，并受站长委托主持站内全面工作。

4. 负责考评员（专、兼）组建、评聘及管理。

5. 负责鉴定质量管理工作。

6. 负责安排鉴定考务工作。

7. 负责审查、监督、汇总鉴定成绩。

8. 负责组织实施技能操作鉴定。

9. 完成站长交办的其他工作。

2.2　综合及证书岗位职责

1. 负责处理鉴定站日常事务，完成领导交办的其他工作。

2. 组织安排鉴定站内考务、考评、资料编制等工作。

3. 负责执行鉴定计划和考核标准，组织实施鉴定工作并编制鉴定方案，报鉴定中心。

4. 负责考评人员的日常管理，建立考评人员工作档案，监督考评员守则落实情况，严格执行考评人员回避制度和轮换制度。

5. 确定技能鉴定考场安排，通知考务主管实施。

6. 负责鉴定站外设考场联系及设立工作。

7. 负责本站的职业技能鉴定宣传工作。

8. 综合整理上报相关鉴定计划、总结材料、各类报表及鉴定相关资料。

9. 负责鉴定站年检的资料整理工作。

10. 协助站长建立并完善各项管理规章和制度，并监督执行。

11. 负责管理鉴定印鉴及审验各类报表。

12. 负责鉴定工作量统计及考务费发放工作。

13. 协助职业资格证书制作、登记、核发工作。

14. 负责鉴定成绩汇总、审核报批工作以及成绩档案管理工作。

2.3　考务管理岗位职责

1. 负责考生的报考、报批、申领证书的工作。

2. 负责考生的参鉴资格审查、登记、咨询、投诉工作。

3. 组织填报相关报名表、准考证表、成绩表、证书发放表、证书统计等表格，并向鉴定中心申报办理有关报考审批和约考手续。

4. 负责组织并落实考试考核的场地和考场布置。

5. 协调组织好相关鉴定设备、设施、检测用具的配备、管理工作。

6. 负责监督考核程序、考场规则的执行，协助考评人员维持考场秩序，严肃考场纪律。

7. 负责监督考评员按规定完成试卷的装订、成绩评定、考场记录填报和签名等工作，协助成绩汇总、填报和报送。

8. 负责整理考场相关资料并存档。

2.4　试题管理岗位职责

1. 贯彻执行上级有关职业技能鉴定的方针、政策和法规，严格执行职业技能鉴定保密制度。

2. 负责组织实施电力行业职业技能鉴定考评及考评员培训、选聘工作。

3. 负责电力行业职业技能鉴定命题、组卷、阅卷及试题库、试卷库的建设和完善工作。

4. 负责电力行业新工种鉴定开发和鉴定市场开发工作。

5. 负责编制职业技能鉴定实操考核项目和考核大纲。

6. 负责组织实施鉴定站评估和部门业务知识学习。

7. 协助开展电力行业职业技能鉴定考务工作。

8. 负责鉴定试卷、考场记录、技能操作考核记录等考评资料登记造册及保管工作。

9. 负责鉴定成绩登录、统计分析工作。

10. 完成领导交办的其他工作。

2.5　技术支持岗位职责

1. 贯彻执行上级有关职业技能鉴定的方针、政策和法规，严格执行职业技能鉴定保密制度。

2. 负责职业资格证书的制作及发放等工作。

3. 协助开展职业技能鉴定考务、组卷管理工作，协助制订电力行业职业技能鉴定计划。

4. 协助做好鉴定人员报名登记、资格审查、准考证制作等工作。

5. 协助开展职业技能鉴定资料的整理、归档和保管等工作。

6. 负责部门专业图书资料的整理、归档和保管等工作。

7. 完成领导交办的其他工作。

2.6 财务管理岗位职责

1. 贯彻执行上级有关职业技能鉴定的方针、政策和法规，严格执行职业技能鉴定保密制度。

2. 严格执行职业技能鉴定的收费标准，负责本站鉴定业务收费、开票、核算工作。

3. 负责站内差旅报销、工作餐等日常费用管理。

4. 协助开展站内考务费发放工作。

5. 协助开展考务管理、档案资料管理相关工作。

6. 完成领导交办的其他工作。

第三章 管理体系建设

3.1 建立质量管理体系

依据质量管理体系要求，结合自身实际制定各项规章制度和管理办法。

1. 安徽省电力行业职业技能鉴定实施细则（见附件3.1－1）
2. 职业技能鉴定质量管理责任书（见附件3.1－2）

3.2 记录

保证两年内鉴定过程和质量管理工作中的各项记录完好，提供符合要求和质量管理体系有效运行的相关记录。

第四章 制度建设

4.1 职业技能鉴定站工作职责

在电力行业职业技能鉴定指导中心和安徽省电力行业职业技能鉴定中心（简称鉴定中心）的指导下，在许可的鉴定范围内开展职业技能鉴定活动，为鉴定活动提供符合标准要求的鉴定场所，具体工作有如下几个方面：

1. 认真贯彻执行国家和行业有关职业技能鉴定工作的方针、政策及规定。

2. 受理职业技能鉴定的申请，对申报者进行资格审查，经鉴定中心核准后签发准考证。

3. 在取得相应考评员资格的人员中，选聘考评员，组成考评组。

4. 建立和管理各项职业技能鉴定档案。

5. 组织申报人员按规定的时间、地点和方式进行考核或考评。

6. 协调鉴定过程中的有关事务工作。

7. 汇总鉴定成绩，报鉴定中心。

8. 向鉴定中心提供鉴定报告，对考评小组的工作提出评价建议。

9. 协助鉴定中心办理证书手续，向鉴定合格者发放资格证书。

10. 负责鉴定考试的咨询服务、投诉处理和信息统计等工作。

11. 不断完善自身条件，主动接受劳动行政部门和职业技能鉴定中心的监督指导。

12. 负责鉴定站财务管理，严格执行上级财务管理制度。

13. 严格监督执行职业技能鉴定各项保密制度。

14. 负责职业技能鉴定咨询服务、投诉处理等工作。

4.2　职业技能鉴定工作人员守则

为保证技能鉴定工作顺利进行，规范各项管理，特制定鉴定工作人员守则，工作人员需严格遵照执行。

1. 鉴定工作人员应公正、负责、细致地完成各项鉴定工作。

2. 鉴定工作人员应及时、准确地向鉴定相关人员传达技能鉴定文件精神、工作安排和要求事项。

3. 鉴定工作人员要与各单位培训部门保持良好的沟通，及时了解各单位对鉴定工作的需求与建议，促使鉴定工作的不断完善。

4. 鉴定工作人员应熟练掌握考务工作流程和要求，特别注意鉴定计划改变情况，避免出现漏报、早报、迟报、错报等情况。

5. 鉴定工作人员应认真做好每一次的技能鉴定报名、统计、档案资料整理保管及鉴定证书发放等工作。

6. 鉴定工作人员应做好技能鉴定考试前的各项准备工作，确保考生顺利参加考试。

7. 完成鉴定报名、考试、成绩汇总等工作。

8. 完成鉴定合格率的计算与统计工作，确保上报数据的准确性。

4.3 职业技能鉴定考评人员管理规定

4.3.1 考评人员守则

一、考评人员的工作职责

1. 考评人员应严格按照规定的考核方式、方法和评分标准，完成评分任务，填写考评记录。考评人员在考评过程中应独立完成各自的任务，相互之间不得暗示或沟通。考评人员具有独立判分的权力，有权拒绝任何单位和个人更改鉴定结果的非正当要求。

2. 考评人员应严格执行考评人员工作守则和考场规则，负责对考核场地、设备、材料、工具和检测仪器等的核查和检验，做到评分有据，扣分有理，客观公正。

3. 考评人员在执行考评任务时，执行亲属、师生、师徒回避制度。

4. 考评人员应刻苦钻研职业技能鉴定业务知识，不断学习新技术、新工艺、新设备、新材料，提高鉴定业务水平。

5. 考评人员应不定期参加培训，熟悉相关考评标准，遇到疑难问题时，要谦虚谨慎，团结协作。服从考评组长管理。

6. 鉴定站采取轮换方式派遣考评人员，组成考评小组，并指定考评组长；考评组成人员每次轮换不得少于三分之一，考评人员在同一鉴定站内连续从事考评工作不能超过三次。

7. 考评组长应具有组织管理能力和两年以上职业技能鉴定工作

经验，负责考评组考评工作的组织、协调和最终裁决；考评工作完成后，在规定的时间内向上级鉴定中心或鉴定站提交考评报告。

8. 考评人员的合法权益受到侵害时，可向鉴定站或上级鉴定中心提出申诉。

二、考评人员聘用与管理

1. 考评人员实行资格认证制度，考评人员经资格考核合格，取得考评员资格后，方可执行考评任务。

2. 考评人员实行聘任制，聘期为三年。

3. 考评人员应定期参加鉴定站组织的培训学习。

4. 建立健全考评人员档案。

5. 鉴定站定期对考评人员进行考核评估，考核结果作为下年度是否续聘的重要依据；对考核评估结果优秀的考评人员给予奖励，不合格的，予以取消其考评人员资格。

6. 对在考评工作中违反规章制度、徇私舞弊的考评人员，长期无故不参加考评工作以及考评工作屡出差错的考评人员，予以取消其考评员资格。

4.3.2　考评员工作流程

1. 接受考评任务。

2. 在考评组长带领下，熟悉、统一考评标准。

3. 组织学习职业技能鉴定考评人员守则。

4. 考评前对鉴定场所进行检查（检查知识考场、检查技能考场）等准备工作。

5. 实施知识考试和技能考核，严格执行考场纪律。

6. 评阅试卷和鉴定结果，递交考评成绩。

7. 对本次考评工作进行总结，如有需要提出合理建议。

4.4 职业技能鉴定监考员管理规定

4.4.1 职业技能鉴定监考员守则

1. 监考员应履行考试监督职责，维护考场纪律、考试公平，保证考试顺利进行。

2. 监考员应了解考场、考生情况，熟悉考场规则和考试注意事项。

3. 考前 30 分钟，两名监考员同时领卷，领卷时须检查核对袋面科目名称、试卷份数和考生名册。

4. 监考员应在开考前逐个检查准考证及身份证（或其他有效证件），及有无夹带违规物品进入考场；要求准考证号码和填入试卷上的一致；对于没有身份证或其他有效证件的考生，应立即报告现场负责人，拍照备查。

5. 监考员应在开考前向考生宣读"考场纪律"和注意事项，要求考生将手机设置为静音或关机，放入考场提供的专用手机袋中；考试过程中翻看手机，视为作弊，记录于职业技能鉴定考场记录表中。

6. 提前 5 分钟发放试卷，提醒考生该科试卷有几张、共几页，提醒考生在试卷密封线内按要求准确填写姓名、单位、准考证号、职业（工种）等项目。

7. 按规定时间，准时开考。

8. 监考员无权解释试题内容，如考生对试题印刷文字不清楚或有漏页、空白页情况时，可当众答复；对发现个别字印刷不清，可核对后写在黑板上。

9. 考试结束前 15 分钟，监考员要提醒考生；结束时间一到，立刻按规定收卷、装订、密封试卷袋，如发现试卷缺少，应立即报告现场负责人追查。

10. 监考员对旁窥、交谈、传递、抄袭等违规考生提出警告，并记录在职业技能鉴定考场记录表上，情节严重者，书面报告现场负责人并交相关部门处理；如发现冒名顶替，应及时报告现场负责人，取消考试资格，并按规定进行处罚。

11. 监考员须如实填写职业技能鉴定考场记录表全部内容，考场记录表填好后，与试卷共同封装在试卷袋内。

12. 监考人员在监考工作期间不得以任何形式徇私舞弊，不准擅离职守，不准在考场内吸烟、阅读书报、谈笑等，不准抄题、做题，不准将试卷带出考点，不准使用手机。

4.4.2　职业技能鉴定监考工作流程

1. 领卷

检查试卷袋的密封是否完好无损，核对试卷袋上的鉴定工种、等级、科目和份数，经核对无误后，在试卷领取表上签字确认。

2. 发卷

启封前，向考生展示试卷密封完好后，发放试卷。

3. 监考

按照监考守则要求，实施监考。

4. 收卷

注意按试卷份数、页码顺序和座位号的顺序清点试卷，按规定处理缺考卷、余卷和白卷等；所有试卷份数与试卷袋份数保持一致。

5. 装订

注意试卷份数、顺序，避免试卷倒置或错乱装订，避免在封面上签字、盖章、做记号，按试卷装订点牢固进行装订。

6. 装袋

注意考试项目，防止不同科目的试卷混装在一起，避免试卷袋上有签字、盖章或做记号的痕迹；密封无误后，将卷袋移交保密员签收。

4.4.3 现场负责人（主考）工作职责

1. 现场负责人由职业技能鉴定站负责人或其委托人担任。

2. 现场负责人负责协调和组织鉴定现场各项工作。

3. 现场负责人按照鉴定各项管理规章，维护鉴定实施正常进行，处理干扰鉴定的行为和事故。

4. 对参加监考、考评工作人员的工作，给予考核评价并向派出单位反馈。

4.4.4 督导（巡视）人员工作职责

1. 听取职业技能鉴定工作机构工作人员有关情况汇报。

2. 查阅职业技能鉴定职能机构和职业技能鉴定工作机构有关文件、档案、信息数据资料。

3. 审核职业技能鉴定活动有关程序和环节是否符合规定。

4. 对职业技能鉴定的工作现场和考试现场组织实施的相关要素和技术应用等方面的情况进行监督检查。

工作现场的检查巡视内容包括：制度建设、机构建设、配套措施、鉴定条件、考务管理、鉴定方案、阅卷评分的科学性和公正性等情况。

考试现场的检查巡视内容包括：考场环境、仪器设备、技术条件、安全卫生、考场组织、考试秩序、试卷规范、应试纪律、鉴定时间、考务人员执行任务、考评实施程序、考评员资格、考评员对考评标准与规则的掌握等情况。

5. 对鉴定对象进行个别访问、调查问卷，对鉴定结果进行测试或复核。

6. 督导巡视人员有权对考评过程中的违规行为予以制止和提出处理建议，但不得干预鉴定站正常的考评工作。遇重大问题，应立即向委派单位报告，提出处理意见和建议，知情不报承担失职责任。

7. 督导巡视人员应自觉执行回避制度。

4.5　职业技能鉴定试卷管理规定

4.5.1　职业技能鉴定组卷管理规定

由安徽省电力行业职业技能鉴定中心授权，开展技能鉴定试卷组卷工作，并报鉴定中心审核、备案。

一、试卷编制要求

1. 出题范围：各工种在相应《国家职业技能鉴定指导书》中抽题，抽题量为70%，另30%从相关工种或《电力行业技能鉴定安徽省地方题库》中抽取。

2. 采用自动组卷与手动换题相结合，避免重题现象、知识点考核重复问题，将知识点合理搭配。

3. 避免过时、错误的题目出现。

二、试卷编排要求

1. 按照自动格式，一般不要求调整；试卷按指定顺序编号，并加上出卷人代号。

2. 有选做题的，将选做题注意事项排在试卷显著位置。

3. 试卷采用小四号字，字体为宋体，行距 1.5 倍。

4. 判断题中各题之间不要有空行。

5. 简答题和计算题应留有足够的书写空间。

6. 页面设置要求多页默认为"普通"，应选择"对称页边距"；页边距：上、下各 2.54cm，内侧 1.5cm，外侧 3cm。

7. 试卷中的装订线在试卷的左侧，可单面印刷。

8. 页脚要有试卷题目和编号、页码，字体要求用 5 号宋体。

三、试卷审核要求

所有试卷须经审核组审核合格，方可送交试卷管理专责存档。

试卷审核内容：题型、题量、分值符合要求；考题知识点分布合理；无错题、重题、淘汰题；试卷排版符合要求。

4.5.2 技能鉴定组卷工作流程

1. 根据鉴定工种、科目、等级、数量，由试卷管理人员做出组卷计划。

2. 在本站考评员中，按鉴定工种抽选组卷人员。

3. 召开组卷工作会议，分配组卷任务，明确组卷要求，学习职业技能鉴定保密规定。

4. 在组卷前，所有参与组卷人员与鉴定站签订保密协议。

5. 组卷人员集中在保密室内组卷。

6. 组卷人员将试卷（电子版）提交审卷人员审核。

7. 组卷人员按审核要求对试卷修改后，提交试卷管理专责存档。

8. 组卷人员删除试卷（电子版）底稿。

9. 试卷管理专责在编制好的试卷库中，按考场调用试卷，并按考场编制试卷印刷清单。

10. 工作人员在保密室印刷试卷，装入试卷专用袋密封，加盖试卷专用印章。

11. 密封好的试卷，清点登记后放保密室保管。

4.5.3 职业技能鉴定试卷评阅管理规定

一、技能鉴定考试结束后，在规定时间内完成试卷评阅工作

二、成立阅卷小组，每组不少于3人，实行阅卷组长负责制

三、阅卷组长职责

1. 做好本组阅卷人员联系与阅卷分工安排，采取流水作业法阅卷，每份试卷不得少于3名教师批阅。

2. 负责阅卷质量把控，处理阅卷中考评技术问题。

3. 负责试卷领取，并当日返还。

4. 负责阅卷数量统计以及阅卷人员工作量统计。

5. 负责保密制度的执行与监督。

四、考评员阅卷职责

1. 对照标准答案，按阅卷评分具体要求，做好阅卷评分工作。本人评分项，要签有姓名。

2. 正确统计、核对、汇总考生卷面得分。

3. 完成组长交办的相关工作。

4. 严格遵守技能鉴定保密工作制度，做到试卷出库、阅卷过程、入库等全过程安全无遗漏。

五、阅卷考务工作人员及职责

1. 负责试卷流转登记与管理。

2. 负责提供试卷答案。

3. 负责各组阅卷数量统计。

4. 负责试卷质量记录收集、汇总、分析与反馈。

六、统分要求及工作流程

1. 统分应由 2 人及以上人员共同进行，有登录，有复核。

2. 统分应在纸质成绩登记表上登录，登录人员签名。

3. 对照纸质成绩表，录入电子表格中。

4. 复核成绩。

5. 根据考场记录，对考生信息进行勘误。

6. 根据考场记录，由鉴定站分管站长负责，按考场违纪具体情况，形成违纪考生处理意见。

7. 按考生违纪处理意见，形成职业技能鉴定成绩汇总表。

4.6 职业技能鉴定信息统计管理规定

一、职业技能鉴定信息统计管理规定

为加强职业技能鉴定统计信息统计报送管理，规范鉴定统计信息报送行为，提高统计信息报送质量，更好发挥统计工作服务和监督功能，特制定本规定：

1. 鉴定站长对鉴定统计信息的真实性、完整性、准确性和及时性负责，对本鉴定站所报送的统计信息负有审核责任。

2. 鉴定站应指定专人负责鉴定信息统计报送管理工作，包括统计信息采集、整理、审核、上报。

3. 本规定所称统计信息是指鉴定站对外依法履行报送义务或内

部管理所需要的，反映鉴定管理情况的有关报表、报告、文件和资料；包括统计数据、统计分析报告及所需的其他资料。

4. 鉴定站应按照鉴定中心关于统计信息报送内容、方式和时间的要求，真实、准确、完整、及时地完成各项统计信息报送工作，为鉴定中心管理决策及信息技术工作提供支持。

5. 统计信息可以采用统计报表、统计数据库、统计文件等形式，通过计算机网络系统、传真等方式进行报送。

6. 统计信息报送工作采用"统一管理、分级报送、各负其责"的管理原则。

二、职业技能鉴定信息统计工作流程

1. 根据年度新增技能鉴定报名审核结果，形成职业技能鉴定报名汇总表（新增），连同年度新增技能鉴定考试计划一并报送安徽省电力行业职业技能鉴定中心。

2. 根据上年度技能鉴定未合格人员数据，形成职业技能鉴定报名汇总表（补考），和同年度补考技能鉴定考试计划，报鉴定中心。

3. 新增、补考考试结束后，及时报送职业技能鉴定成绩汇总表。

4. 新增鉴定成绩统计上报后，及时制作鉴定站技能鉴定证书核发登记表。

5. 根据鉴定证书制作数据，制作鉴定站技能鉴定证书发放汇总表，用于鉴定证书发放记录。

6. 按照电力行业职业技能鉴定指导中心要求，按时报送证书数据采集表和电力行业国家职业资格证书查询数据信息汇总表。

7. 职业技能鉴定信息统计汇总后，经鉴定站审核，报鉴定中心。

4.7 职业技能鉴定设备器材管理规定

为加强职业技能鉴定设备设施、仪器的日常维护与保管，保证其在鉴定中满足技术要求和正常使用，确保鉴定实施的客观性和公正性，特制定职业技能鉴定站设备设施管理规定：

一、鉴定站应配备一名专（兼）职设备维护保管人员，专门负责鉴定站的仪器、设备等器材的维护与保管

二、对用于鉴定的设备、仪器等器材进行分类整理，合理摆放，编号标记归档

三、设备仪器等器材的存放地点应保持清洁卫生，并根据设备器材的性能要求，做好防潮、防腐、防锈、防尘、防高温、防火、防盗等工作，加强保管

四、建立和实行设备器材日常维护和定期维护制度，发现故障，及时申报维修

五、每次鉴定前应对当次鉴定需要使用的设备、仪器等器材进行检查确认，达不到数量、质量和技术要求的，应及时进行维护、调试和补充，确保满足鉴定需求

六、在鉴定过程中，发生设备器材损坏、损耗或丢失等情况应做好记录，鉴定结束后，及时进行报损和修复；考生如不按安全技术操作规程操作设备，考评员和设备维护人员应及时制止，防止发生人身和设备事故；造成事故的，追究相关人员的责任

七、鉴定结束后，应做好考场设施设备的清洁卫生、用具归位工作，保证设备清洁整齐、摆放有序

八、所有仪器设备、器材的借领，必须经有关领导批准，并办

理借领手续，归还时认真检查是否有缺损；如有缺损，要求借领人说明原因，经核实后，上报处理

九、鉴定站的仪器设备、器材等，未经负责人同意，不得随意动用；未经许可，无关人员不得进入仪器设备和器材保管室；仪器设备、器材等因保管不善而遗失、损坏，要求责任人赔偿

十、鉴定站设备器材的购置、安装、调试、改造、更新、报废均应提出计划，报站长审核批准

4.8 职业技能鉴定保密规定

4.8.1 保密规定

1. 职业技能鉴定工作应遵循客观、公正、科学、规范的原则，实行保密制度。

2. 试卷保存须密封加盖鉴定站试卷专用公章，专人保管。

3. 考务、考评人员在考前须学习保密制度，严守考评纪律。

4. 为了使评卷工作不受干扰，不得泄露考生姓名、准考证号。

5. 监考、评卷、登分人员在未公布考核成绩前，不得向任何人泄露评判结果。

6. 理论试卷、实际操作评分记录、考核成绩由专人管理与保存。

4.8.2 保密室管理规定

1. 为做好技能鉴定保密工作，技能鉴定站应设有保密室。

2. 保密室应有专人负责。

3. 未经许可，非工作人员不得擅自出入保密室。

4. 未经许可，非工作人员不得使用保密室复印机、速印机、组卷服务器等仪器设备。

5. 每天下班前安排专人负责检查并锁好保密室。

6. 开展鉴定考试、阅卷等工作时，进、出保密室的人员，实行实名登记制度。

4.8.3 安全责任协议书

×××国家职业技能鉴定站
鉴定考试保密与安全责任协议书

为了确保鉴定考试工作的有序开展，根据安徽省电力公司职业技能鉴定中心有关文件精神和国家技能鉴定保密管理规定，所有参与本站组织的职业技能鉴定考试试卷的编制、审核、印刷、保管等工作人员，必须遵守以下保密与安全责任协议：

1. 参与职业技能鉴定试卷的编制、审核、印刷、封装、领用、保管等环节人员，应提高安全保密意识，自觉遵守各项安全保密规定

2. 试卷的编制，实行集中封闭组卷；组卷期间，组卷工具（计算机等）不得带出保密室；组卷结束，计算机内不得保留试卷（电子版），服务器内试卷（含组卷方案）均应删除；参与组卷人员，应对本人编制的试卷严格保密，不得以任何理由外泄

3. 试卷审核，由指定审核人员在组卷现场审阅，审核人员不得翻拍、复印试卷

4. 试卷印刷、封装，应在保密室内完成，封装后加盖鉴定机构考试专用印章

5. 承担试卷印刷、装订、封装等工作人员，应严格保密考场信息及试卷内容；从事试卷的印刷等工作人员，有权制止非工作人员进入保密室，严防涉密信息泄露

6. 鉴定试卷的领用、保管等环节，由专人负责，应填写试卷交接记录，相关人员对责任期间试卷的保密负责

7. 以上各项规定，若有违反并造成重大负面影响者，将按照有关规定承担相应责任

甲方：×××　　　　　　　　　　乙方：工作人员
国家职业技能鉴定站

盖章：　　　　　　　　　　　　　签字：
年　　月　　日　　　　　　　　　年　　月　　日

4.8.4　保密工作流程

通用流程

1. 按照参与职业技能鉴定试卷的编制、审核、印刷、封装、领用、保管等环节，确定涉密人员。

2. 组织涉密人员学习职业技能鉴定保密规定。

3. 涉密人员与鉴定站签订保密协议。

工作流程

1. 试卷管理专责编制批次试卷组卷工作计划。

2. 组卷人员在保密室内组卷。

3. 组卷人员将试卷初稿交审核人员审核。

4. 组卷人员按审卷意见修改。

5. 组卷人员将修改后试卷交试卷管理专责，原试卷、组卷策略删除。

6. 试卷管理专责按批次考场编排试卷使用计划。

7. 印刷人员在保密室内使用专用印刷设备印刷试卷，装订、封袋，盖鉴定站考试专用章。

8. 对制作好的试卷予以登记（试卷出入库登记表）、入库（保密室）待用。

9. 考前由试卷领用人在登记表上签名领取。

10. 考后由试卷领用人向试卷管理专责归还试卷，归还的试卷应装订成册，标注"考试时间、工种、等级、理论（或技能）、试卷数量"五个字段；并在登记表签名入库。

11. 阅卷前由阅卷组长负责向试卷管理专责领取试卷，并在阅卷登记表上签名领取。

12. 阅卷后由阅卷组长负责向试卷管理专责归还试卷，并在阅卷登记表上签名归还。

13. 成绩登录由两人及以上共同完成。

14. 成绩报省鉴定中心审批公布。

4.9　职业技能鉴定档案管理制度

职业技能鉴定档案管理，是提高职鉴工作效率和质量的必要条件。为适应职鉴工作的发展和管理现代化需要，实现职业技能鉴定站的标准化、规范化，特制定职业技能鉴定档案管理制度。

一、公文管理

1. 收到文件后，立即进行登记，传递中做到及时、安全；对紧急文件及时办理，防止漏办和压误；阅办后，按内容、性质归档，不得随意摆放；

2. 实行借阅文件登记手续，按期验收，不经领导同意，不得复印；

3. 需销毁的档案资料，经造册审批后由两人以上共同监督销毁。

二、试卷管理

在规定时间内提取职业技能鉴定试卷，切实做好保密、保管、存档工作；对鉴定后的理论试卷及实操评分表，分类进行存档保管，试卷一般保存3年。

三、资料管理

电力职业技能鉴定报名登记表、电力职业技能鉴定实施安排表、电力职业技能鉴定实操考场安排表、电力职业技能鉴定工作人员安排表、电力职业技能鉴定考场记录表，按要求保管；电力职业技能鉴定报告、电力职业技能鉴定合格人员名册及不合格人数统计表等数据，录入计算机存盘长期保管。

印鉴由专人管理，使用印鉴须经过鉴定站（所）领导签批。

四、安全保密

1. 认真执行安全保密制度，确保档案资料安全，杜绝泄密、失密；

2. 非档案管理人员，未经许可，不得拿取档案、资料，不得复印、拍照任何资料；

3. 档案应保存在安全、干燥、通风之处，具备必要的设备、环境，并具有相应的管理制度。

4.10 职业技能鉴定考生守则

考生守则

1. 凭准考证和身份证（或其他有效证件）进入考场。

2. 开考前 15 分钟进入考场，按监考人员要求验交两证。

3. 进入考场，除答题必备工具外，不得携带其他任何物品。

4. 迟到 30 分钟不得进入考场，开考 30 分钟内不得离开考场。

5. 考试开始信号发出后，方可开始答题；考试结束信号发出后，立即停止答题，按要求交卷后有序退场。

6. 如遇到错发试卷等非正常情况，可举手向监考人员报告；有关试题内容、操作等方面的问题不得提问。

7. 考试中不得以任何方式作弊或帮助他人作弊，违者按规定处罚。

4.11 应急处理预案

职业技能鉴定工作场所重大问题或突发严重事件的应急处理预案（试行）

一、总 则

（一）目的

在安徽省电力行业职业技能鉴定中心的领导下，及时妥善处理国家电力行业职业技能鉴定考试（以下简称鉴定）工作中出现的突发性事件，减少危害和影响，确保鉴定的正常秩序，全力维护职业资格考试的权威性和广大考生的合法权益。

（二）编制依据

根据《中华人民共和国劳动法》、《中华人民共和国职业教育法》、劳动保障部《国家职业资格全国统一鉴定考务管理规程》等有关法律法规和政府有关突发事件应急处理工作方针、政策和原则，特制定本预案。

（三）适用范围

本预案适用于规范×××鉴定站对职业技能鉴定工作场所重大问题或突发严重事件的应急处理。

二、组织领导和工作责任

（一）组织领导

1. ×××技能鉴定站应结合工作实际，在安徽省电力行业职业技能鉴定中心和相关部门的统一领导下，成立鉴定突发性事件应急处理领导小组。

2. 鉴定突发性事件应急处理领导小组以鉴定站站长为组长，鉴定站主要负责同志为小组成员，指定工作人员负责日常事务工作。

（二）工作职责

1. 鉴定突发性事件应急处理领导小组的主要职责是：

（1）组织协调指导鉴定突发事件的预防和应急处理工作。

（2）组织指导鉴定工作，进行定期或不定期检查，对发现的隐患和问题及时采取措施。

（3）对出现泄密、集体作弊等重大问题及时报告，参与调查，向有关方面通报情况，组织协调，跟踪并督促妥善处理。

（4）承担对鉴定突发性事件的综合分析报告。

（5）明确落实鉴定突发事件的信息报告人，及时上报相关信息。

（6）检查督促落实鉴定各项应急处理措施。

（7）总结推广鉴定应急处理的经验和做法。

<h2 style="text-align:center">三、应急处理的基本程序</h2>

（一）应急处理原则

在鉴定组织过程中，一旦发生影响考试正常进行的突发事件，应本着统一领导、分级负责、处置果断、防止扩散的原则，采取切实可行的有效措施，最大限度地降低突发事件影响，维护考生的根本利益，确保考试资料安全保密，保证考试正常有序进行。

（二）报告

1. 报告形式

根据鉴定突发性事件的紧急程度，视情况可采用口头报告、电话报告、传真报告、文字报告等报告形式。

2. 报告内容

（1）鉴定试卷运送交接过程中出现的问题；

（2）鉴定试卷保管过程中出现的问题；

（3）鉴定考场出现的问题；

（4）智能化考试中出现的非常规问题；

（5）需要报送的其他问题。

3. 报告程序

（1）初次报告

初次报告应在发现突发事件10分钟内，由事件发生地工作人员向本考点负责人报告；事件发生地负责人向鉴定突发事件处理领导小组报告。

（2）阶段性报告

阶段性报告由事件发生地指定专人动态跟踪事态发展及处理过程，对突发事件应急处理过程各项决定及工作程序及时记录并上报鉴定突发事件应急处理领导小组，由鉴定突发事件应急处理领导小组对突发事件全程处理过程总结上报安徽省电力行业职业技能鉴定中心。

（3）总结报告

4.保密要求

严格执行国家有关保密制度，遵守保密工作纪律，确保鉴定工作安全规范。

（三）事件确认

1.本预案所称突发事件是指影响鉴定正常进行或对鉴定工作造成不良影响的各类突发情况。

本预案所称突发事件分为重大事件和一般事件。重大事件是指导致考试不能正常进行，对整个考试的安全和结果以及鉴定的形象造成恶劣影响的事件。一般事件是指该类事件对考试工作有一定影响，经过妥善处理，考试可以正常进行或考试结果客观、公正、有效。

2.重大突发事件

（1）试卷在运输、考前保管等环节发生被盗、丢失、被私自拆启以及其他原因，造成试卷泄密。

（2）试卷保管期间遭受水灾、火灾致使试卷损坏。

（3）自然灾害、交通事故或故障、考试组织和管理以及其他原因，导致试卷不能按时运抵考点或者大量考生无法按时到达考点。

（4）考试期间，考场秩序混乱，出现大面积舞弊现象。

（5）发生恐怖性事件。

（6）考生出现危重疾病症状或发现疑似感染流行性疾病。

（7）地震、台风、火灾、洪水以及其他不可预知的自然灾害影响考试正常进行的。

（8）其他影响严重的重大突发性事件。

3. 一般事件

（1）考试资料启封后，发现试卷科目与本场考试科目不符，试卷少装、缺页等问题。

（2）考试期间，发现试卷试题出现明显错误。

（3）考试期间，突然断电、停电及设备故障影响考试正常进行。

（4）计算机考试中出现病毒、软件和网络故障。

（5）考试结束后，发现考试试卷丢失或发现考生故意带走试卷。

（6）其他有一定影响的突发性事件。

（四）重大突发事件应急处理

突发性事件发生后，应立即向考点巡考人员报告，由巡考人员向应急处理领导小组报告，并做好突发性事件情况记录。应急处理领导小组根据事情的轻重缓急制定合理的解决措施，由现场应急处理工作领导小组具体实施，以挽回损失，保障考试正常进行。

1. 试卷被盗、丢失、被私自拆启以及其他原因，造成试卷泄密事件，相关单位应采取措施，保护好现场，事件发生地应急处理领导小组应立即会同有关部门进行调查，并及时上报应急处理领导小组。

如确信试题并未大规模扩散，经上级批准，考试仍可以如期进行；考后查明失、泄密的，且已查明失、泄密扩散范围，经上级批准，由应急处理领导小组报请鉴定中心同意后宣布在查明失、泄密扩散的范围内考试无效，并在此范围内启动备用试卷进行考试。

在运输或保管期间发生试卷被盗、丢失、被私自拆启以及其他原因造成泄密的，应急处理领导小组报省鉴定中心同意后，根据不同情况做出启用备用试卷重新印制、本次成绩全部无效或部分无效或向省鉴定中心申请缓考等决定。

2. 试卷保管期间遭受水灾、火灾使试卷损坏，应急处理领导小组应视情况的严重与否做出决策；若保管期间受水灾、火灾致使试卷小部分损坏的，可启用备用试卷，或报请鉴定中心同意后进行复制印刷。

损坏较多而影响大部分考生考试的，考试前遭受的损坏，应急处理领导小组应尽快联系鉴定中心，在时间允许的前提下请求重新发放足量试卷；若时间不允许，报请省鉴定中心同意后启用备用卷或缓考。考试后的保管过程中遭受损害的，请示鉴定中心，损害的场次作废或该科目该次考试全部作废，重新组织一次考试，并对该部分考生做好安抚工作。

3. 由于自然灾害、交通事故或故障、考试组织和管理以及其他原因，导致试卷不能按时运抵考点，应急处理领导小组须根据具体情况提出相应处理措施，启用备用卷或尽快将试卷送至考点。同时，让考生按时进入考场候考，由考点负责人、工作人员及巡考人员安抚考生情绪，做好思想工作，并视情况补足考生的考试时间，将不利因素的负面影响降至最低。

由于自然灾害、交通事故、考试组织和管理以及其他原因，导致大量考生无法按时到达考点，造成考试不能正常进行的，应急处理领导小组应将情况报鉴定中心，经同意后做出以下决定：该次考试延时、重新安排该次考试、取消该次考试、下次考试免收该科目考试费用等。

4. 考试期间，考场秩序混乱，出现大面积舞弊现象，考点主考或巡考人员应及时报告应急处理领导小组。应急处理领导小组将情况上报省鉴定中心，同时指派工作组会同考点，封闭整个考点，增加监考人员充实考场，必要时请求当地公安机关协助；登记问题考场和舞弊人员，查明事实；评卷时对问题考场的试卷进行分析研究，对雷同试卷按相关规定处理，或向鉴定中心请示将该考场试卷全部作废；对有关责任人按规定追究责任。

5. 发生恐怖性事件时，应立即报警，请求公安机关协助，排除危险；及时向应急处理领导小组汇报情况，请求缓考或更换考点后再考，并启用备用卷或在公安机关的保护下继续考试。

6. 在考试过程中考生出现危重疾病症状，由考点医务人员做好应急处理，及时送往医院抢救。若暴发传染病，考点应配合政府和防疫部门的工作，进行考点隔离、人员隔离或者采取政府和卫生防疫部门要求的其他措施，防止疫情扩散。向应急处理领导小组汇报情况，经批准做出停考或缓考决定，或其他处理方案。

7. 地震、火灾、洪水以及其他不可预知的自然灾害影响考试正常进行的，事件发生地应急处理领导小组应根据实际情况，先确保考生人身安全、试卷安全，后向上级请示，经批准后做出停考或缓考的决定，或者其他处理方案；同时应妥善疏散、安置考生，配合政府帮助考生解决食、宿、交通问题，将自然灾害的损失降到最低。

8. 发生其他不可预测的突发性事件，由应急处理领导小组根据情况轻重，做出不同处理，将不利因素的负面影响降至最低。

（五）一般事件应急处理

考试过程中发生的一般事件，考点应立即向应急处理领导小组报告，按照有关规定做好情况记录。应急处理领导小组根据不同情况制订处理方案，同时向上级汇报；并通知考点采取相应措施。

1. 考试资料启封后，发现试卷少装、缺页等情况，监考人员要立即将缺页试卷收回装入原试卷袋，并据具体情况如实填写国家职业资格统一鉴定考场情况记录单，经现场巡考人员审核同意可启用备用试卷，保证考试进行。确因备用试卷不足而影响考试正常进行，监考人员应及时向考务管理责任人和现场巡考人员报告，调配其他考点备用试卷，也可在保证安全保密的情况下，研究确定是否速印（复制）试卷，考试时间可根据实际情况适当顺延；在此期间监考人员要维护考场秩序，确保考试正常有序进行。考试结束后考点应将缺页的试卷处理情况书面报告省鉴定中心。

2. 考试期间，发现试卷试题有错别字或多余字、选择题选择项内容重复、选择题选择代码重复、实体图表有错误等问题，监考人员应及时向考务管理责任人和省鉴定中心报告。属于试卷试题有错别字或多余字和选择题选择项字母代码重复问题，但不影响考试正常进行的，由现场负责处理更正，考试结束后将处理情况书面报鉴定站；其他问题由现场巡考人员及时向鉴定站报告，鉴定站按照有关处理意见通知相关考点及考生。

3. 考试期间，因停电或设备故障原因在 30 分钟内恢复或排除的，现场考点根据情况补足耽误的考试时间。如果属于区域大面积停电，考点应与相关部门进行协调，确认恢复供电时间；并立即向上级报告，根据上级指示，做出以下决定：该次考试延时、重新安排该次考试、取消该次考试、下次考试免收考生该科目考试费用。

4. 网络考试中出现病毒、软件和网络故障，考点应做好考生安抚工作。如果因病毒、软件和网络故障导致考试无法正常进行，考点应立即在最短时间内排除故障，根据实际情况决定是否需要补足考生因此而耽误的考试时间，同时做好情况记录。

5. 考试结束后，发现考试试卷丢失或发现考生故意带走试卷，监考人员应立即报告考点负责人和巡考人员，迅速查清缺失考生的信息，尽快联系该考生。如确认考生已带走考试试卷，责令考生将试卷送回，在考场记录单上做详细记录，建议将该科目成绩按零分处理。情节特别严重、拒不承认和交还的，交由所属单位严肃处理。

6. 发生其他不可预知的一般性突发事件时，鉴定考点应急处理小组应采取必要措施，将不利因素的负面影响降至最低。

（六）处理程序

1. 了解情况，立即上报

鉴定突发事件发生后，现场工作人员应通过主管领导及时向上一级鉴定突发性事件应急处理领导小组报告。

2. 研究措施，提出意见

在充分掌握鉴定突发事件发生的原因后，当地负责人要与有关工作人员研究，及时提出处理意见，并将调查情况和处理意见报鉴定突发事件应急处理领导小组。

3. 答复处理

根据处理意见，进行答复处理。

四、事件处理

（一）恢复秩序

鉴定突发事件处理结束后，尽快恢复正常秩序，并防止突发事件再次发生。

（二）处置报告

鉴定突发事件处理结束后，鉴定突发事件应急处理领导小组应向上级领导提交突发事件报告。内容包括：发生突发事件的原因、处理经过、处理结果、社会影响等。

（三）新闻发布与宣传报道

鉴定突发事件的新闻发布，要严格执行人力资源和社会保障部职业技能鉴定中心和厅有关规章制度，宣传报道实行归口管理。注意把握信息发布和舆论引导的主动权，统一口径，正确引导社会舆论。

（四）评估

鉴定突发事件结束后，技能鉴定站组织专人对事件进行调查，评估事件后果，总结经验教训；根据事件暴露出的问题，及时修改和完善防范措施和应急处理预案。

（五）奖惩

职业技能鉴定站要依据法律和有关规定追究鉴定突发事件有关单位和人员的责任，对事件处置过程中有功单位和个人进行表扬。

五、应急保障

（一）信息保障

建立、健全并落实鉴定突发事件信息收集、传递、处置、报送各个环节，完善信息传输渠道，随时保持信息报送通畅，通信设备完好。

（二）人员保障

鉴定期间，职业技能鉴定站或鉴定考点要安排专人按照鉴定突发事件具体情况和有关规定要求，具体实施应急处理工作。

突发事件发生时，应急处理领导小组成员和考点全体工作人员要坚守岗位，密切注视事态发展，随时沟通，妥善处理突发事件。考试期间设立突发事件报告电话，指派专人值守；鉴定站及考点负责人移动电话须24小时开机，不得人机分离。

（三）宣传培训保障

加强相关制度法律法规政策和处理鉴定突发事件预案的培训宣传普及工作，有效预防鉴定突发事件发生和突发事件造成的损失。

考试期间任何人员未经批准不得接待新闻单位的采访，关于突发性事件的各种问题以及考生的各种意见和要求，统一由应急处理领导小组进行解释和解决。

4.12 职业技能鉴定收费标准和管理办法

4.12.1 职业技能鉴定收费标准

各等级鉴定收费标准根据省物价局、财政厅《关于核定职业技能鉴定收费标准的函》（皖价行费字〔1998〕22 号）、《关于调整职业技能鉴定收费标准的通知》（皖价费〔2004〕198 号）规定办理。根据财政部、国家发展改革委《关于公布取消和停止征收 100 项行政事业性收费项目的通知》（财综〔2008〕78 号），取消证书工本费。地方物价、财政部门如有调整收费标准，则以调整后的规定执行。

4.12.2 职业技能鉴定财务管理制度

一、职业技能鉴定站建立独立的财务账目，配备专（兼）职财务管理人员。

二、职业技能鉴定站收费，按相关文件规定严格执行，专款专用，单列账户、科目，不得挪用。

三、财务人员负责鉴定收费工作，严格执行经物价局批准的收费标准。

四、财务各项开支必须由站长签字。

五、按照财务相关规定，做好财务票据的存档管理。

4.13　职业技能鉴定考场规则

考场规则

一、考生应于考前 15 分钟凭准考证、身份证进入考场，对号入座，并将准考证、身份证放在课桌左上角，以便监考人员查对。

二、考生迟到 30 分钟不得入场，开考 30 分钟后方可交卷出场，考试中途不允许离开考场。

三、考生可携带黑色或蓝色钢笔、圆珠笔、计算器等考试用品进入考场，不得携带任何书籍、资料、纸张进入考场。通信工具（含带存储功能的电子设备）一律关闭，按监考老师要求装入手机袋并在指定地点放置。考试期间发现违反规定的，由监考人员做好记录，并按规定处理。

四、考生如遇试卷分发错误和字迹模糊时可举手向监考人员询问，但涉及试题内容问题一律不作解答。

五、答题一律用蓝、黑钢笔和圆珠笔书写，字迹要工整、清楚；做题时若需要打草稿，可利用试卷反面。

六、提前交卷的考生不得在考场附近逗留、喧哗。考试结束铃响，考生应立即停止答卷，并将试卷反放，不得将试卷带走。

七、考生应尊重考场工作人员，自觉地接受监考、巡考人员的监督和检查。

八、考生在考试期间违规、违纪的，可按照下列规定进行处理：

（一）考生有下列情况之一的，其成绩按无效处理

1. 未在答卷的指定位置准确填写考生个人信息的；

2. 在试卷中做明显具有舞弊性质标记的。

（二）考试期间有下列情况之一的，属于违纪行为，须进行记录，并取消考试成绩

1. 抄袭他人答案或有意提供给他人抄袭的；

2. 交换试卷的；

3. 交头接耳、夹带资料、传递纸条的；

4. 翻阅与考试有关的书籍、资料。

（三）考生有下列情况之一的，属于严重违纪，由安徽省电力行业鉴定中心通报并通知所在单位严肃处理

1. 使用通信工具、带有存储功能的电子设备等；

2. 委托他人代考或代替他人考试的；

3. 扰乱考场秩序或威胁工作人员人身安全的。

投诉电话：（上级鉴定中心电话）

投诉电子邮箱：（上级鉴定中心邮箱地址）

监督电话：（同级纪检部门电话）

第五章　人力资源建设

5.1　站内人员

1. 鉴定站管理人员应签订诚信责任书（见附件5.1－1），并自觉遵守诚信责任书内容。

2. 鉴定站管理人员应定期参加业务培训（每两年至少1次），并填写业务培训登记表（见附表5.1－1）。

3. 鉴定站管理人员应进行年度考核，填写年度绩效合约表：站长（见附表5.1－2）、综合管理（见附表5.1－3）、考务管理（见附表5.1－4）、试题管理（见附表5.1－5）。

5.2　考评人员

1. 考评人员应具有人社部认定的考评员资格，考评中佩戴考评证，鉴定站要建立健全考评员工作信息档案，填写考评员档案登记表（见附表5.2－1）。

2. 鉴定站根据工作安排按要求填写考评员工作计划表（见附表

5.2-2）和考评员派遣单（见附表5.2-3）。

3. 鉴定站考评员应严格遵守轮换和回避制度（见附件5.2-1）。

4. 鉴定站定期对考评员进行考核，按要求填写考评员考核评价表（见附表5.2-4）和考评员工作信息档案表（见附表5.2-5）。

5. 鉴定站定期对考评员进行培训，按要求填写考评员业务培训登记表（见附表5.2-6）。

第六章 资源管理

6.1 环境资源配备

鉴定站应根据电力行业职业技能鉴定工作特点，配备相应的环境资源，主要包括：办公、鉴定场所和与工作相适应的设施和设备（如：复印机、打印机、速印机、笔记本电脑、视频记录仪等）、监视和测量装置、工具等。

6.2 资源提供及时

鉴定站应确保所需资源及时、有效地提供，并安排专人管理和维护，确保鉴定工作的有效实施。

第七章 鉴定实施与准备

7.1 鉴定计划

鉴定站根据鉴定中心的工作安排，结合工作实际，制订本站的工作计划（见附表 7.1－1）和鉴定工作安排表（见附表 7.1－2），确保电力行业职业技能鉴定工作的圆满完成。

7.2 责任书

鉴定站与鉴定中心签订质量责任书（见附件 7.2－1），每年一签。

第八章　报名管理

8.1　技能鉴定报名管理

1. 鉴定站设立考试报名处，考务专责负责现场受理考生报名材料（清点份数、是否加盖公章、材料是否齐全）。

2. 鉴定站设立考试咨询处，考务专责及时受理报名期间考生的咨询，并做好相应记录。

8.2　报名资格审核工作流程

1. 考务专责应认真审核安徽省电力行业职业技能鉴定申请登记表（见附表8.2－1），×××年度安徽省电力行业申报技师鉴定（评审）报名汇总表（见附表8.2－2），按照模板要求贴相片（见附表8.2－3），核查报名人员基本信息，如：工作简历、职业培训背景、以往获取职业资格证书情况（需要原始资料证据）。

2. 考务专责认真审核，发现问题及时反馈给报考单位和考生，并做好相应记录。

8.3　报鉴定中心备案

1. 根据省电力行业鉴定中心文件，由考务专责填写×××年职业技能鉴定报名资格审查情况登记表（附表8.3－1）。

2. 审核合格后，生成安徽省电力行业职业技能鉴定报名汇总表（见附表8.3－2），报鉴定中心审查备案。

8.4　人员信息录入

1. 考务专责将审查合格人员信息录入考务管理系统，生成职业技能鉴定报名情况登记表（见附表8.4－1）。

2. 未使用考务管理系统的鉴定站使用资格审核汇总表。

8.5　准考证制作

1. 根据录入的信息，考务专责负责准考证的制作，认真核对照片与姓名是否相符，并加盖鉴定站公章。

2. 鉴定考试前发放准考证，并填写《准考证发放登记表》（见附表8.5－1）。

3. 准考证存根统一保存，鉴定考试时带到考场备查。

第九章 试卷管理

9.1 试卷申请

1. 试卷由安徽省电力行业职业技能鉴定中心授权,各鉴定站组卷,留存备查。

2. 考务专责应在鉴定 10 个工作日前,把国家职业技能鉴定出卷工作单(见附表9.1-1)填写好交出卷教师。

3. 考务专责应对试卷进行清点、核对。

9.2 试卷传输

1. 试卷运送、交接的各个环节应严格按照保密规定实行分级管理负责制,并主动接受鉴定中心的监督和检查。

2. 试卷要实行专人保管、守护,严格领用手续,杜绝泄密事件的发生。

3. 职业技能鉴定试卷在启用前,属保密材料,实行专人负责,任何人不得调阅。

9.3 试卷保管

鉴定站设有档案保密室，由专责负责将试卷等考试资料，存入保密室严格保管。

9.4 试卷使用

1. 鉴定考试开考前 30 分钟，由考务专责向监考人员发放试卷，并填写国家职业技能鉴定领卷单（见附表 9.4-1），签字确认。

2. 监考人员当场检查考生相关证件，请考生认真填写国家职业技能鉴定签到表（见附表 9.4-2）。

3. 监考人员当场检查试卷有无开封，向考生展示后开启试卷，同时，监考人员应严格遵守监考要求和考场规则，并认真填写安徽省电力行业职业技能鉴定考场记录表（见附表 9.4-3）。

9.5 试卷管理

1. 结束后，监考人员清点无误后，交验收人员验收，并填写国家职业技能鉴定交卷单（见附表 9.5-1），签字确认。

2. 试卷整理好后，贴上封条加盖公章，专责负责存入保密室。

3. 考试结束，在规定时间内，组织人员进行试卷批阅。

4. 批阅试卷过程中需要注意的细节应告知批阅人员（试卷初

评、核分、审校及分数加总等环节应有确认签字，阅卷采用流水作业方式，每份试卷批阅不得少于 3 人）；同时，批阅人员在签到表上签到。

9.6　试卷归档

1. 阅卷结束，对试卷进行分类，再按工种进行分类，以便成绩录入及查阅。

2. 成绩录入后，填写国家职业技能鉴定试卷存档目录表（见附表 9.6-1），存入档案保密室，保存时间不得低于三年。

9.7　成绩报送

1. 成绩录入后，一周内将鉴定成绩报送鉴定中心。

2. 填写安徽省电力行业职业技能鉴定成绩汇总表（见附表 9.7-1），存入档案保密室永久性保存（一式三份）。

第十章 考务实施

10.1 考前组织

10.1.1 根据职业技能鉴定计划编制考试方案

完成编制×××国家职业技能鉴定考评安排表（见附表 10.1 - 1），表中包括考试考核工种、鉴定等级、时间、地点等内容，报鉴定中心备案，并在考试前七个工作日告知鉴定单位。

10.1.2 组织考前会议

1. 由鉴定站组建考务组，组织考前会议，落实理论考试监考和技能操作考评任务，严格执行监考员守则、考评员守则。

2. 组织实操考评人员熟悉鉴定工种、项目、内容、技术标准等工作内容。

10.1.3 落实理论和操作考试场地

1. 考务组于考核前一周准备理论考试及操作技能考场，按理论考试考场设置要求（见附件 10.1 - 1）和操作技能考场设置要求

（见附件 10.1 - 2），通知有关部门准备有关场地、设备、材料。

2. 考务专责组织相关人员于考试前一天实地对现场进行布置（理论考试贴桌条，技能操作贴工位号并制作相应抽签号）。

10.2 理论考试阶段

10.2.1 开考前

1. 考试采用闭卷形式，考试时间 120 分钟；

2. 开考前 15 分钟主考宣读考场规则，监考人员负责核对考生个人信息；

3. 开考前 5 分钟主考当众启封试卷袋，且进行核对，并组织发放；铃声一响，考生开始答卷。

10.2.2 考试中

1. 开考 30 分钟后，主考员在职业技能鉴定考试考场情况记录表（见附表 9.4 - 3）中填写缺考人员名单。

2. 监考人员应分别站在考场不同位置，发现违纪现象及时制止。

10.2.3 考试结束

1. 考试结束，填写完整考场记录，监考人员应按顺序收交试卷。

2. 监考人员将试卷交到考务办公室验收、装订，并上交考场记录。

3. 考务管理负责将试卷按要求密封装袋, 试卷集中送至阅卷点统一阅卷评分。

10.3　实操考核阶段

10.3.1　场地要求

1. 鉴定场所应符合安全规定, 环境整洁, 照明、通风等服务设施运行情况良好。

2. 考核场所应设有清晰引导标识。

10.3.2　考前组织

1. 设立候考区, 张贴操作技能考核考场规则 (见附件 10.3－1);

2. 工作人员进行检录 (核对个人信息, 现场抽签确定鉴定项目和工位号);

3. 组织考生进入相应工位;

4. 实操考核有应急处置预案。

10.3.3　考评实施

1. 每项考评不少于三名考评员, 明确考评组长;

2. 严格按照项目评分标准逐项进行打分。

10.3.4　评分统计

1. 操作技能考核由考评组成员当场评阅打分;

2. 填写完整考场记录；

3. 经考评员签字后，连同考核资料、考场记录一并交考务组。

10.4　成绩统计与上报

1. 考务组填写安徽省电力行业职业技能鉴定成绩汇总表（见附表9.7-1），经主考员签字后，由专责负责保管，报鉴定中心；

2. 鉴定站根据鉴定情况，写出鉴定分析报告，对鉴定试题、考场纪律、考评情况、考评结果进行分析，报鉴定中心；

3. 汇总鉴定资料，整理存档。

第十一章　证书管理

11.1　信息报送

由专责填写安徽省电力行业职业技能鉴定上季度鉴定结果及证书汇总表（见附表11.1-1），鉴定中心审核确认后上报行业鉴定指导中心。

11.2　证书办理

鉴定中心确定具备证书打印权限的鉴定机构纳入系统统一管理并负责证书的打印制作，生成证书流水码。

由专责填写技能鉴定证书验印报告（见附表11.1-2），鉴定中心根据行业指导中心要求完成证书验印。

由专责填写安徽省电力行业职业技能鉴定证书领取表（见附表11.2-1）备案并报鉴定中心，领取职业资格证书。

11.3 证书发放

由专责填写安徽省电力行业职业技能鉴定证书发放表（见附表11.3－1）备案并报鉴定中心，发放职业资格证书。

11.4 证书换发

职业资格证书因质量问题或有损坏的，鉴定中心负责回收并销毁，将证书流水码录入职业资格证书管理系统，系统将删除相应流水码并自动补发证书。遗失职业资格证书申请补发的，补发证书使用原证书编码和新证书流水码，原证书流水码在系统中删除并备注。

第十二章　投诉处理

12.1　信息收集

鉴定站填写安徽省电力行业职业技能鉴定（单位）满意度调查表（见附表12.1－1）、安徽省电力行业职业技能鉴定（个人）满意度调查表（见附表12.1－2）、安徽省电力行业职业技能鉴定满意度调查汇总表（见附表12.1－3）备案并报鉴定中心。

12.2　考生投诉

综合专责填写安徽省电力行业职业技能鉴定咨询投诉记录表（见附表12.2－1）备案并报鉴定中心。

附件：1.1－1

职业技能鉴定许可证扫描件

许可证扫描应符合以下要求：

1. 使用 24 位彩色模式、200dpi 分辨率，按 1：1 的比例进行扫描，文件保存为 JPEG 格式。

2. 扫描件内容应与相对应的纸质档案完全相同，且图像清晰、完整、不偏斜、不失真、不漏页；在纸质档案文字偏小、密集、模糊等特殊情况下，可适当提高分辨率进行扫描。

3. 扫描图像应进行裁边处理，去除多余的白边，以缩小图像文件的容量，节省存储空间。

附件：1.2-1

×××国家职业技能鉴定站岗位任命及聘用文件

1. 站长任命文件
2. 副站长任命文件
3. 综合及证书管理人员聘用文件
4. 考务管理人员聘用文件
5. 试题管理人员聘用文件
6. 技术支持人员聘用文件
7. 财务管理人员聘用文件

附件：1.2－2

×××国家职业技能鉴定站考评员配备名单

序号	姓名	性别	身份证号码	所在工作单位	职称或等级	鉴定工种	考评员/高级考评员	联系电话（手机）	备注
1									
2									
3									
4									
5									
6									
7									
8									
9									
10									
11									

日期：

附件：3.1-1

安徽省电力行业职业技能鉴定实施细则
（修订）

第一章　总　则

第一条　为了加强职业技能鉴定管理，完善职业技能鉴定工作体系，保证职业技能鉴定质量，维护国家职业资格证书制度的公正性、权威性，根据劳动和社会保障部《职业技能鉴定规定》、《职业技能鉴定工作规则》和《电力行业职业技能鉴定实施办法》、《电力行业特有工种国家职业技能鉴定站管理办法（试行）》、《电力行业职业技能鉴定质量督导检查巡视制度实施细则（试行）》及有关规章制度，制定本细则。

第二条　本细则所称职业技能鉴定，是指依据劳动和社会保障部颁布的《国家职业技能标准》，对从事电力行业特有工种的劳动者和经地方劳动行政部门批准鉴定工种的劳动者的技术等级考试、考核和技师、高级技师任职资格的考评。

第三条　安徽省电力行业职业技能鉴定中心（以下简称省鉴定

中心）充分利用和发挥电力行业企业、各级培训中心（基地）、科研院所的优势，组建电力行业特有工种国家职业技能鉴定站（以下简称电力鉴定站），具体负责组织开展职业技能鉴定工作。随着职业技能鉴定工作的发展，本着统筹规划、合理布局、择优建站的原则，省鉴定中心选择有条件的电力行业单位，分地区、分专业、分层次组建技能鉴定站，调整电力鉴定站的工作范围。

第四条　安徽省电力行业特有工种技能鉴定实行政府指导下的社会化管理体制。省鉴定中心负责组织、实施电力行业职业技能鉴定工作，并接受电力行业职业技能鉴定指导中心和省劳动行政主管部门的指导、监督和检查。其主要职责是：

（一）负责贯彻落实国家和电力行业关于职业技能鉴定工作的方针、政策以及有关规定，组织、协调安徽省电力行业职业技能鉴定工作，并负责制定安徽省电力行业职业技能鉴定实施细则。

（二）负责安徽省电力行业职业技能鉴定的组织、指导和质量督导、检查巡视工作。

（三）负责编制安徽省电力行业职业技能鉴定站发展规划及工作计划，并负责组建、申报职业技能鉴定站，统一办理和更换鉴定许可证。

（四）负责对安徽省电力行业职业技能鉴定站的定期检查、评估。

（五）负责安徽电力行业特有工种及地方劳动行政管理部门批准鉴定的社会通用工种职业技能鉴定考评员的申报和聘用、管理工作。

（六）负责核发电力行业特有工种的《职业资格证书》。

（七）立足安徽电力行业，面向社会劳动力市场开展职业培训。实行职业培训与考核相结合，推动职业技能开发。

（八）积极参与和推动本行业职业技能竞赛活动。

（九）完成电力行业职业技能鉴定指导中心交办的工作。

第五条　电力鉴定站的权利和义务：

（一）享有独立进行职业技能鉴定的权利，有权拒绝任何组织和个人更改鉴定结果的非正常要求。

（二）电力鉴定站应建立考评人员数据库。根据鉴定工作需要聘任考评员，在鉴定工种范围内每个工种至少聘任3名考评员，组成考评鉴定小组，建立考评员考核评价制度，并与考评人员签订技能考评行为自律承诺书。坚持回避、交叉、轮换制度，逐步完善考评人员诚信考核评价制度。对不适合考评工作的考评员，鉴定站书面请示鉴定中心解聘，不再续聘。

（三）应受理一切符合申报条件、规定手续人员的职业技能鉴定申请，并对申报人出具的证明、材料进行严格审查。

（四）应认真执行电力职业技能标准、职业技能鉴定规范（考核大纲）。职业技能鉴定试题应从国家试题库中提取，可以根据技术和设备的发展情况进行适当补充，按规定要求做好试卷的运送、保管、启用。试题库未建立之前，暂由鉴定中心组织编制鉴定试题。

（五）实行定期鉴定制度。具体鉴定职业（工种）、鉴定范围、鉴定等级、报名条件以及收费标准等事项，应至少在鉴定前30日发出公告，并接受申报者对有关问题的咨询。个别单位有特殊鉴定要求的，报经鉴定中心批准，也可专门组织进行。

（六）应建立完整的鉴定技术档案，并健全计算机鉴定数据库系统，以满足统计、查询的需要。每次鉴定结束后，应将报表按时报送鉴定中心备案。

（七）应不断完善管理制度，重视鉴定场所的建设及仪器仪表、设备设施的添置，努力提高鉴定质量与鉴定能力。

（八）每年须向鉴定中心报告年度工作情况，并在每年年底前制订下年度的鉴定工作计划，报鉴定中心批准。实施考核鉴定应严格按照批准的鉴定工作计划组织进行。

（九）应当与鉴定中心签订职业技能鉴定质量管理协议。

（十）应当建立鉴定信息反馈制度，加强与鉴定对象的沟通，及时了解鉴定质量及鉴定成效，并记录备案。

第二章　鉴定站管理

第六条　设立电力鉴定站的条件：

（一）具有与所鉴定职业（工种）及其技术等级相适应的考核场地（包括理论知识考场和操作技能考核场所）、操作设备设施；

（二）具有与所鉴定职业（工种）及其技术等级相适应的、符合国家标准的检测仪器；

（三）具有熟悉鉴定工作业务和所鉴定职业（工种）业务及组织实施能力的业务工作人员；

（四）有专兼职的管理人员和考评人员；

（五）具有组织实施培训考核工作的能力；

（六）有完善的管理办法和规章制度。

第七条　申请建立电力鉴定站，由主办单位向省鉴定中心提出建站申请，省鉴定中心进行资格审核并征求省劳动行政部门意见的基础上，报电力行业职业技能鉴定指导中心复审，由劳动行政主管部门批准、核发《职业技能鉴定许可证》，明确鉴定的工种（职业）、范围、等级和类别，同时授予统一的职业技能鉴定站标牌。

第八条　建立通用工种职业技能鉴定站，由单位向当地劳动行政主管部门提出申请，经当地劳动行政主管部门批准后，报省鉴定中心备案。

第九条　电力鉴定站在工作上接受各地劳动行政主管部门、职业技能鉴定指导中心、省电力行业鉴定中心的业务指导及监督、检查。在管理上实行站长负责制。

第十条　电力鉴定站应建立健全财务制度，根据工作需要可配备相应财务管理人员，鉴定收费标准按省劳动与社会保障厅、财政厅、物价局的有关规定执行。

职业技能鉴定费用主要用于：组织职业技能鉴定场地、试题、阅卷、考评、检测及原材料、能源、设备消耗等费用。

第十一条　鉴定站应不断完善内部管理制度，确保鉴定场所及鉴定设备在使用过程中的安全，及时按照职业（工种）标准要求和生产技术发展情况进行设备更新。

第十二条　电力鉴定站职业技能许可证的换发。电力鉴定站具有以下情况之一的，职业技能鉴定站许可证可以重新换发，并提交有关材料，包括鉴定中心提交正式函、原职业技能鉴定许可证（正副本）、鉴定站近三年简要工作总结、原建站批文（复印件），调整或增设鉴定范围的需书面说明理由和条件。

（一）职业技能鉴定许可证有效期到期的；

（二）调整鉴定范围或增加新的鉴定工种的；

（三）承建单位机构主体非实质性变更，地址或站长变更的。

机构主体实质性变更的，按照新建鉴定站的规定执行。

第十三条　电力鉴定站实行退出制度。

电力鉴定站须在批准的鉴定职业（工种）范围、技术等级内开展鉴定活动，不得有超越权限或各种违法乱纪鉴定行为。

电力鉴定站具有下列情况之一的，必须退出，收回鉴定许可证，取消技能鉴定资质。

（一）管理人员、专兼职考评人员未按鉴定要求配备齐全；管理规章制度不健全，档案管理混乱，鉴定试题发生泄密事件的。

（二）一个年度内未按照鉴定计划进行正常鉴定活动的；两年内未向鉴定中心提交年检报告的。

（三）未按照鉴定收费标准收取鉴定费用，存在乱收费现象，造成恶劣影响的。

（四）鉴定考核现场安全保障措施不到位，鉴定行为违反安全生产规程的，考场设置严重违反规定，经检查整改后仍未符合规定要求的；鉴定管理人员、质量督导人员、考评人员的派遣、交叉、轮换及回避等管理制度执行不严格，并造成不良影响的。

（五）鉴定活动中没有按照规定要求使用国家题库，且未经鉴定中心批准的。

（六）鉴定许可证到期后未及时申请更换的；超出鉴定许可范围进行违规鉴定的。

（七）发生其他严重违规鉴定行为，造成不良影响的。

电力鉴定站被取消技能鉴定许可资质后，三年内不得再次申请成立鉴定站。

第十四条　电力鉴定站应根据省鉴定中心的需要，制作年度鉴定报表，定期报送。

第三章　鉴定质量管理

第十五条　电力鉴定站实行质量督导和年检制度。职业技能鉴定质量督导包括鉴定现场检查巡视和质量督导检查两部分。年检的主要内容包括：职业技能鉴定年度工作计划的执行情况，场地、设备、检测手段、人员等是否符合标准，规章制度的执行情况，以及社会各界对鉴定工作的反映等。

第十六条　省鉴定中心负责省内电力行业职业技能鉴定质量督导检查巡视的具体实施工作，对所属鉴定站各等级职业技能鉴定进行现场检查巡视，承办质量管理经常性检查巡视的组织实施工作。

第十七条　检查巡视工作的基本方式和内容：

（一）听取职业技能鉴定工作机构工作人员有关情况汇报；

（二）查阅职业技能鉴定职能机构和职业技能鉴定工作机构有关文件、档案、信息数据资料；

（三）审核职业技能鉴定活动有关程序和环节是否符合规定要求；

（四）对职业技能鉴定的工作现场和考试现场组织实施的相关要素和技术应用等方面的情况进行监督检查和必要的指导。

工作现场的检查巡视内容包括：制度建设、机构建设、配套措施、鉴定条件、考务管理、鉴定方案、阅卷评分的科学性及公正性等情况。

考试现场的检查巡视内容包括：考场环境、仪器设备、技术条件、安全卫生、考场组织、考试秩序、试卷规范、应试纪律、鉴定时间、考务人员执行任务、考评实施程序、考评员资格、考评员对考评标准与规则的掌握等情况。

（五）对鉴定对象进行个别访问、调查问卷，对鉴定结果进行测试或复核。

（六）质量管理经常性检查巡视由指导中心组织，原则上每年组织 1~2 次，赴各级鉴定机构进行检查。

（七）鉴定现场检查巡视由各鉴定中心组织实施，检查巡视覆盖面应不少于所属鉴定站开展鉴定活动次数的50%。同时，指导中心根据鉴定工作开展情况，不定期组织专门人员进行鉴定现场检查巡视抽查活动。

检查巡视人员有权对考评过程中的违规行为予以制止或提出处理建议，但不得干预鉴定站正常的考评工作。遇有重大问题，应立即向委派单位报告，提出处理意见和建议，知情不报要承担失职责任。

检查巡视人员应自觉执行回避制度。

第十八条　电力鉴定站年检的主要内容包括：职业技能鉴定年度工作计划的执行情况，场地、设备、检测手段、人员等是否符合标准，规章制度的执行情况，以及社会各界对鉴定工作的反映等。

第四章　技能鉴定管理

第十九条　电力职业技能鉴定的范围和对象：

（一）鉴定范围

报经国务院劳动保障行政主管部门审定同意的，电力行业职业技能鉴定指导中心公布的电力行业特有工种的劳动者职业资格等级考核及技师和高级技师的考评。

（二）鉴定对象

1. 电力行业特有工种所涉及的企业在职人员；

2. 进网作业电工；

3. 从事电力技术工种个体从业人员；

4. 各类电力职业技术学校，电力职工中专、电力就业培训和机构及其他学校电力专业毕（结）业生，大专工科院校毕业生及其他需要进行职业技能鉴定者；

5. 赴境外就业和劳务输出人员需要进行职业技能鉴定者。

第二十条　电力职业技能鉴定考核的内容：

（一）各工种的职业技能鉴定以《电力工人技术等级标准》为依据，按电力行业职业技能鉴定指导中心组织制定的职业技能鉴定规范和国家电力职业技能鉴定试题库试题进行考核。

（二）技能鉴定分理论知识考核和技能操作考核两部分。

1. 理论知识考核采用笔试形式，考核成绩采用百分制，100分为满分，60分为及格。

2. 技能操作考核采取在考场（现场、仿真设备）实际操作的方式，也可结合生产和作业项目进行。对于运行人员以模拟操作为主，检修、基建人员及其他人员可采取典型工件加工或在规定的时间内完成特定作业的方式进行。考核成绩采用百分制，100分为满分，60分为及格。

3. 理论知识考核和技能操作考核成绩均在60分以上者，方为技能鉴定合格。技师、高级技师的考评内容和要求另行规定。

第二十一条　申报条件：

（一）初级工申报条件：

1. 相应工种学徒期满；

2. 非电力中专、技工学校、职业中学毕业、就业培训中心学习两年以上。

（二）中级工申报条件：

1. 取得初级等级证书，在相应工种工作三年以上；

2. 取得初级等级证书，在相应工种工作两年以上的非电力中专、技工学校毕业生；

3. 大、中专或技校毕业，专业对口，在相应工种工作一年以上；

4. 取得技术员职称，在相应工种工作两年以上的人员。

（三）高级工申报条件：

1. 取得中级等级证书，在相应工种工作六年以上；

2. 取得中级等级证书，在相应工种工作五年以上的相应专业中专、技工学校毕业生；

3. 取得中级等级证书，在相应工种工作四年以上的专业对口的大专毕业生；

4. 具有助理工程师职称，可申报参加高级工等级的鉴定。

（四）技师、高级技师的申报条件和考评办法按照国家有关制度，由电力行业职业技能鉴定指导中心另行规定。

（五）少数技能优秀，在工作中取得突出成绩的和省级技能竞赛前五名获得者，经单位推荐，可提前或越级报考。

第二十二条　电力鉴定站应加强技能操作考核基地建设和管理，提高技能操作考核针对性。

电力鉴定站应根据自身条件，筹措资金，建立与所鉴定工种和鉴定级别相适应的技能操作鉴定基地。同时，积极利用企业、职业院校等机构所建技能实训基地开展技能鉴定。

第二十三条　申报技能操作鉴定基地的基本条件：

（一）办公场地及设备：办公用房面积不少于40平方米，配有办公桌椅、计算机、打印机、文件档案柜等。

（二）鉴定场地：不少于一次20人技能鉴定考核的场地（工位），固定专用；场地符合环保、劳保、安全、消防等要求。

（三）鉴定设备数量要满足一次20人鉴定考核要求，各设备之间应留有足够的操作空间，以满足鉴定作业的需求；保持良好的技术状况并具有安全防护装置。

（四）各类计量器具应经批准的计量机构鉴定，并取得计量鉴定合格证。

（五）各种鉴定设备及试验检测设备、计量器具设备完好率100%，型号较新，在国内或省内处于领先地位。

（六）鉴定基地应按照有关鉴定要求完善鉴定基地管理制度，如：鉴定工作流程、考场规则、档案管理制度、岗位责任制、考评人员聘任制、设备设施管理制度及报表、台账及其他管理制度。

第二十四条　技能实训基地由电力鉴定站或基地建设单位向省鉴定中心申报，经省鉴定中心批准后，可作为技能操作鉴定基地，由相关电力鉴定站和鉴定中心使用。鉴定使用场地、设备损耗及耗材等有关费用符合鉴定费用中支出项目的可从鉴定费用中支出。

第二十五条　技能操作鉴定基地可在省鉴定中心和鉴定站的指导下根据计划实施培训并由考评人员实施鉴定考核，考核成绩可作为技能鉴定成绩使用。有效期一般为三年，技师、高级技师技能操作鉴定成绩在参加评审的当次有效。

第五章　考评人员管理

第二十六条　考评人员是在规定的工种等级和类别范围内，依据国家职业技能鉴定规范，对职业技能鉴定对象进行考核、评审工作的人员。

第二十七条　考评员和高级考评员的认定，由个人提出申请，单位推荐，电力行业职业技能鉴定指导中心组织培训和考核，考核合格者报经国务院劳动和社会保障行政主管部门核准，由电力行业职业技能鉴定指导中心颁发考评人员资格证书和胸卡。

第二十八条　电力行业施行职业技能鉴定考评人员资格认证、聘用制度。鉴定中心负责对考评人员实行统一管理，统筹安排考评人员的聘任和使用。考评人员聘期三年，可连续聘任，并应采取不定期轮换的方式调整考评员。

第二十九条　考评人员要严格遵守《考评人员工作守则》，公平、公正地进行考评。违者视情节轻重给予教育、通报、吊销资格证书等处罚。

第三十条　各鉴定站受鉴定中心委托，负责对考评人员进行监督检查，检查内容包括：考评工作计划完成情况、是否符合职业技能鉴定规范的要求、规章制度的执行情况、工作流程及各环节考评人员职责的执行情况等。检查结果由各鉴定站定期向鉴定中心报告。

第三十一条　严格执行考评人员对其亲属的职业技能鉴定回避制度。

第六章　职业资格证书管理

第三十二条　职业资格证书管理系统按照国家规定采用分布式管理模式。以人力资源和社会保障部建立数据系统总中心为基础，行业指导中心及鉴定中心建立数据分中心，负责证书数据的采集上报等管理工作，鉴定中心确定具备证书打印权限的鉴定机构纳入系统统一管理并负责证书的打印制作，并生成证书流水码。

第三十三条　电力鉴定站根据行业指导中心规定的季度报表时间内将上一季度鉴定结果及证书数据提交鉴定中心，鉴定中心审核确认后上报行业鉴定指导中心，统一录入人力资源和社会保障部数据中心。

第三十四条 证书打印制作后由鉴定中心根据行业指导中心要求完成证书验印；鉴定中心负责技师、高级技师的考评和证书发放工作；电力鉴定站负责高级工及以下等级的职业技能鉴定和证书发放工作。

第三十五条 职业资格证书因质量问题或有损坏的，鉴定中心负责回收并统一销毁，将证书流水码录入职业资格证书管理系统，系统将在数据库中删除相应流水码并自动补发证书。遗失职业资格证书申请补发的，补发证书使用原证书编码和新证书流水码，原证书流水码须在证书管理系统中删除并在备注栏内注明。

第七章 附 则

第三十六条 电力鉴定站和鉴定中心应接受鉴定对象、企业和劳动管理部门的监督，接受有关业务咨询，应设有专门的举报监督电话和咨询电话。

第三十七条 本细则未尽事宜，按上级有关职业技能鉴定的规定执行。

第三十八条 本细则自颁布之日起执行。

附件：3.1-2

职业技能鉴定质量管理责任书

甲方：安徽省电力行业职业技能鉴定中心

乙方：×××国家职业技能鉴定站

　　为进一步加强职业技能鉴定质量管理，维护职业资格证书的权威性和严肃性，按照劳动和社会保障部《职业技能鉴定质量督导工作规程》和《电力行业职业技能鉴定质量督导实施办法和实施细则》的要求，经甲、乙双方协商，现就职业技能鉴定质量管理达成如下责任协议：

　　第一条　甲方责任

　　第一款　甲方负责对乙方职业技能鉴定质量管理工作的指导和监督。

　　第二款　甲方应根据职业技能鉴定有关政策、法规、制度等规定要求，严格审核乙方呈报的鉴定资料，主要包括：鉴定范围，鉴定职业工种、等级，考评人员资质，报考人员的年龄、学历、培训证书、工作年限、职业资格证书等。

　　第三款　甲方应加强对乙方鉴定现场的督导和巡查力度，安排质量督导人员做好随考检查巡视工作。

第四款 甲方提供的职业技能鉴定试题、职业资格证书须符合国家职业技能鉴定的有关标准及相关质量要求；在规定条件范围内证书和试题本身出现质量问题由甲方负责。

第五款 甲方应负责为乙方培训管理人员、考评人员、质量督导人员。

第六款 甲方应按规定内容和时限公布鉴定人员的查询信息（如职业资格证书、考核成绩等）。

第七款 甲方应在规定的权限和范围内为乙方提供政策支持和技术服务。

第八款 甲方要建立群众举报和信息反馈制度，应当向乙方公布举报监督电话和电子邮箱地址。

第二条 乙方责任

第一款 乙方应自觉接受甲方的管理和监督，并按照国家职业技能鉴定有关政策、法规、制度及相关鉴定规程，在规定的区域范围、工种范围、等级范围内开展工作，确保鉴定结果的公平、公正、公开性。

第二款 乙方作为合法有效的职业技能鉴定机构，应向甲方及时提供本机构及参加职业技能鉴定人员的有关资料（如职业技能鉴定许可证书、管理人员及考评人员个人档案，报考人员的年龄、学历、培训证明、工作年限、职业资格证书等），并保证其材料的真实性和有效性。

第三款 乙方应具备符合鉴定技术要求的鉴定场地、设备设施、仪表量具及符合规定条件的办公场所和设施，具备规范的理论考试场所。

第四款 乙方应按照《职业技能鉴定规定》要求，建立一支符合要求的管理人员和考评人员队伍。

第五款 乙方应按照国家的法律、法规和职业技能鉴定规程，认真组织职业技能鉴定考核工作，妥善处理鉴定过程中发生的违规违纪问题，并及时向甲方报告情况。乙方在鉴定过程中不得越权超范围鉴定、违规鉴定，如发生不考试取证、卖证或向甲方提供虚假信息办理的资格证书造成后果的，乙方应承担相应的法律责任。

第六款 乙方在开展职业技能鉴定过程中发生质量问题，应及时提供详细、真实的质量信息，并积极配合甲方做好调查取证工作和善后处理工作。

第七款 乙方承诺为甲方供应的证书、试题提供符合国家规定的传送、存储、保管条件，存储保管不当出现的问题由乙方负全责。

第八款 乙方应具备较完备的档案资料保存场所和设施并能按规定、时限保存职业技能鉴定申请表、资格证书、试卷等相关资料。

第九款 乙方应自觉遵守职业技能鉴定工作中有关保密制度和规定。

第三条 本协议经双方签字、盖章之日起即告生效，有效期为两年。本协议一式两份，签约双方各执一份。

甲方： 乙方：

站长签字：（盖章） 主任签字：（盖章）

年 月 日 年 月 日

附件：5.1－1

诚信责任书

为规范×××国家职业技能鉴定站工作行为，加强职业技能鉴定工作质量管理，规范职业技能鉴定工作程序，提升职业技能鉴定考务管理水平，防止失职渎职行为发生，根据国家《职业技能鉴定工作规范》及安徽省电力行业职业技能鉴定中心有关要求，特制定诚信责任书，各鉴定管理岗位人员工作中要终始履行责任书的各项规定，认真做好鉴定各项工作。

一、热爱职业技能鉴定工作，忠实履行岗位职责，爱岗敬业。

二、认真学习国家职业技能鉴定政策、法规，努力学习业务知识，不断提升管理水平、业务水平和服务水平。

三、严格遵守职业技能鉴定的法律、法规和鉴定站的各项规章制度，坚持公平、公正、公开工作原则，恪守职业道德，严于律己，廉洁勤政，秉公办事，不发生徇私舞弊、失职渎职行为。

四、服从组织安排，按时做好领导交办的各项工作，保证鉴定管理工作高效、有序。

五、工作中举止文明、仪态得体、语言表达规范、礼貌待人。

六、工作中严格按照中央"八项规定"精神要求，廉洁自律，自觉接受各项监督检查。

责任书鉴定人：

鉴定日期：　年　月　日

附件：5.2－1

职业技能鉴定考评轮换回避制度

　　为维护考评工作公正性，加强考评队伍的科学管理，特制定鉴定考评轮换回避制度。

　　一、鉴定站采取轮换方式派遣考评人员，组成考评小组，每次考评小组成员不得少于 3 人。

　　二、考评组成人员每次轮换不得少于三分之一，考评人员在同一鉴定站内连续从事考评工作不能超过三次。考评过程中，考评人员应全程佩戴考评证。

　　三、考评组成员应忠于职守，严格按照有关制度办事，严禁人情关系、徇私舞弊等干扰鉴定的现象。

　　四、考评员如有亲友参加技能鉴定考核，应事先向考评小组说明情况并回避相关鉴定考试的考评工作。

　　五、有亲友参加技能鉴定考核的考评员应主动回避组卷、印卷、试卷保管等鉴定涉密工作。

　　六、考评员应回避亲友参加的技能鉴定考核监考工作，不得干扰鉴定考评和监考过程，不得进入考场干扰鉴定纪律。

七、考评员应回避亲友参加的技能鉴定考核阅卷工作，不得干扰阅卷流程，私下打听考评结果等。

八、所有鉴定参与人员对上述情况如有违反，按有关制度处理，并报备上级相关部门。

附件：7.2－1

安徽省电力行业职业技能鉴定中心
质量责任书

一、质量目标

1. 贯彻执行客观、公正、科学、规范的职业技能鉴定工作方针，不断提高职业技能鉴定质量，确保职业技能鉴定的有效性。

2. 遵循"社会效益第一，质量第一"的职业技能鉴定质量管理工作原则，增强职业技能鉴定公信度，提高用人单位和劳动者的满意度。

3. 规范实施职业技能鉴定，坚持公正性、程序化、保密性、制约性原则。

二、质量要求

1. 建立完善的职业技能鉴定规章制度，制定鉴定工作规程（报名、收费、鉴定、办证等）、理论考试规则、技能鉴定规则、考场规则、阅卷评分规则、监考守则、考评员守则、保密制度、财务管理制度、岗位职责、档案管理、设备设施管理等规章制度，并张贴公布。

2. 按照考评员管理要求对每一许可鉴定职业（工种）配备符合资格条件的考评人员，建立考评员使用、评价、诚信档案。

3. 配备符合规定、满足工作需要的专（兼）职管理人员，包括站负责人、考务管理人员、财务管理人员、档案管理人员、设备维修及材料管理人员、安全防护人员等。

4. 建立齐全的职业技能鉴定工作档案，包括鉴定站基本情况档案（建站批文、鉴定许可证、收费许可证、固定资产登记、工作人员基本情况等）、考务档案资料（主要包括上一年内每批次考生资格证明材料、资格审查表、鉴定申请表、已阅评试卷、鉴定情况表、职业资格证书颁证审批表等），并规范、完整地整理和保存。

5. 执行公示制度，规范办事程序，接受社会监督；将"考试职业及等级、考试时间、考试地点、申报条件及办法、鉴定收费标准及办事程序"发布公告，不得随意变更鉴定考务安排。

6. 根据国家职业标准开展职业技能鉴定。

7. 严格按照鉴定许可规定范围开展鉴定，杜绝超范围或擅自跨地区开展鉴定行为。

8. 按照规定设置考场。鉴定考核原则上在鉴定站内进行，不得擅自以任何名义在鉴定站以外的地方设立分考场。

9. 严格按照各职业（工种）《国家职业标准》中规定的申报条件进行资格初审，不得协助伪造相关资格证明材料欺骗复审部门。不得受理通过中介机构介绍的考生集体报名。

10. 使用国家题库和省题库试题组织实施鉴定，未经安徽省电力行业职业技能鉴定中心审批，不得擅自编制试题。

11. 按规定对每批次鉴定进行申报，审查批准后得以组织实施，不得擅自组织鉴定。

12. 按照考务管理要求准备鉴定设备设施、检测手段；理论和技能考场的准备、设置、编排、准考证制发、管理人员配置必须符合相关鉴定规定。

13. 严格遵守职业技能鉴定试卷机密文件管理规定，派专人领取、保管试卷，设专用保密场所和设施存放试卷。

14. 鉴定过程必须严格执行鉴定规程和考场规则，执行考评人员交叉、回避、轮换制度，实行考评组长负责制，考评记录真实完整。

15. 统一阅卷评分程序和标准，鉴定成绩汇总、登录应真实无误，并有记分人员和校对人员的签名。

16. 遵循"考培分离"的原则，不得以鉴定站名义组织参与职业资格培训活动。

17. 严格按照省物价局规定的收费标准收费，严禁将鉴定费与培训费捆绑招揽生源和收取费用。

三、违规处理

1. 对于违规鉴定的鉴定站，安徽省电力行业职业技能鉴定中心将按有关纪律规定处理，并通报批评。

2. 对技能鉴定站的工作人员违反上述规定的，及时上报有关情况，并提出处理建议，按管理权限进行处理，并通报批评。

3. 配合相关部门做好违规案件的查处工作。

安徽省电力行业职业技能鉴定中心　　×××国家职业技能鉴定站
　　签字盖章　　　　　　　　　　　　　签字盖章
　　年　月　日　　　　　　　　　　　　年　月　日

附件：10.1－1

理论考试考场设置要求

一、专业知识考试考场为标准教室，要求环境安静、整洁、采光好，无关人员不得随意进出。

二、每个考场参考人数不得超过 30 人，课桌按单人、单行布置；桌子、椅子要检查完好，桌子前后、左右必须保持间距 80 厘米以上；桌条贴于桌子左上角。

三、各考场应张贴考场规则、考试时间表、考生名单等。

四、设考务办公室、保密室、监考员休息室、医务室、咨询处、茶水处、参考人员禁带物品存放处等；考场布置完毕后，组织人员检查，然后封闭，等待考试。

五、考场中应配备监控存储设备。

附件：10.1－2

操作技能考场设置要求

一、操作技能考核考场必须在统一领导部署下进行。

二、考核场地应整洁清洁、明亮，设备仪器必须完好，所需的元器件、材料、设备必须齐全，符合规定要求；场地应配备设备检修、材料供应人员。

三、距考核场地十米处设置警戒线，考试时安排专人负责，严禁无关人员出入。

四、考试前一天，应将考场编号、饮水处、卫生室、厕所的分布示意图张贴；考场中按要求贴好工位号，同时张贴考场规则和考生守则并组织参考人员熟悉场地、设备和工位；任何人不得随意更动设备和调换工位。

五、考评人员要参与考场的布置准备工作，以熟悉场地和有关事宜，保证考核顺利进行。

六、考场中应配备视频监控存储设备。

附件：10.3－1

技能操作考核考场规则

一、考试预备铃响参考人员持准考证入场对号进入工位，按技术准备通知单，核对图纸、备料、工器具和设备。

二、参考人员进入考场时，不得携带个人工具及参考书籍。

三、参考人员必须尊重考评人员，服从考评人员安排。

四、参考人员参加操作技能考核，一律按安全规程要求着装。

五、参考人迟到30分钟不准入场，考试开始30分钟后才允许交卷出场。

六、考场内必须保持安静，不准相互交流；考试完后，不得在考场附近逗留和喧哗。

七、如图纸或试题印刷不清，可提问，但不得提问与试题内容有关的问题。

八、考试结束铃响，一律停止操作，不得故意拖延考试时间。

九、参考人员必须严格遵守考场纪律，对违反考场纪律者，视情节轻重，给予批评、警告、试卷作废、取消考核资格处理。

附表：1.2－1

×××鉴定站岗位设置表

序号	岗位名称	姓名	职称	考评员/高级考评员	专/兼职	手机号码
1	站长					
2	副站长					
3	综合及证书岗位					
4	考务管理岗位					
5	试题管理岗位					
6	技术支持岗位					
7	财务管理岗位					

附表：5.1-1

安徽省电力行业职业技能鉴定管理人员业务培训登记表

年度：

序号	姓名	岗位	证书名称	证书编号	证书有效时间	培训项目（一）					培训项目（二）		
						培训时间	培训地点	主办单位	培训内容	培训时间	培训地点	主办单位	培训内容
1													
2													
3													
4													
5													
6													
7													
8													
9													

鉴定站名称：　　　　　　　　站长（签字）：　　　　　　统计人（签字）：　　　　　　鉴字：

附表：5.1－2

职业技能鉴定管理人员（站长）年度绩效合约

鉴定机构名称	×××国家职业技能鉴定站	岗位：鉴定站站长	姓名：	履约时间：

考核内容

一、目标任务指标（80分）

序号	指标名称	分值	目标值	指标定义及计算公式	评价标准
关键绩效指标（≤8项）					
1	鉴定计划完成率	40	100%	按时完成年度鉴定工作计划	根据年度鉴定工作计划内容，未完成一项扣10分
1	鉴定站制度管理	5	100%	根据鉴定站质量管理体系标准和上级文件要求，建立健全鉴定规章制度100%	完成目标，得满分，根据鉴定质量体系要求，少一项规章制度扣0.5分
2	鉴定流程管理、审批	5	100%	对鉴定流程全程管理并对结果进行审批，项目正确率100%	完成目标值，得满分，有一项不符合要求扣0.5分
重点工作任务指标					
3	分析上级鉴定文件精神并制订相应工作计划	5	符合上级要求	相应工作计划完成率100%	鉴定工作计划完成率100%，得满分，有一项不符合要求扣0.5分
4	鉴定场所管理	5	符合上级要求	鉴定场所、仪器、设备完好率100%，符合鉴定要求	鉴定场所、仪器、设备完好率100%，得满分，有一项不符合要求扣1分
5	鉴定质量管理	5	符合上级要求	每场鉴定公示制度执行率100%，不发生直属实投诉、集体作弊事件	每场鉴定公示制度执行率低于100%，扣0.5分；每发生一次直属实投诉、集体作弊事件扣0.5分

（续表）

				符合	权重	
6	对外推广宣传鉴定政策	定期通过网络、展板等形式对外推广宣传鉴定政策，完成率100%	符合上级要求	5		各类宣传推广完成率100%，得满分，每发生一项不符合要求扣0.5分
7	考评人员管理和使用	考评员工作评价表建立100%，考评员评价制度执行率100%	符合上级要求	5		考评员工作评价表未建立，扣1分；考评员评价制度执行不符合要求扣1分
8	鉴定档案	鉴定档案归档及时完整率100%	符合上级要求	5		鉴定档案有一项不完整，扣0.5分；鉴定档案归档不及时，扣2分

二、综合评价（20分）

序号	评价指标	权重	评价标准（考核得分＝Σ级别分×指标权重）			
			I级（0～3分）	II级（4～10分）	III级（11～16分）	IV级（17～20分）
1	劳动纪律	20%	无故缺勤	按规出勤	主动作为	举先垂范
			工作消极	态度端正	勤奋敬业	勇于担当
2	工作态度	20%	缺乏自律	遵章守纪	以身作则	富有激情
			工作懈怠	严谨细致	执行有力	甘于奉献
3	工作能力	40%	业务生疏	履职尽责	业务熟练	业务精通
			协调不畅	团结协作	破解难题	驾驭全局
4	创新精神	20%	墨守成规	主动学习	激励他人	系统思考
			推诿敷衍	容忍差错	行动有力	科学决策

双方确认签字

被考核人：

绩效经理人：

签订日期：

附表：5.1－3

职业技能鉴定管理人员（综合管理）年度绩效合约

鉴定机构名称	×××国家职业技能鉴定站	岗位：综合管理	姓名：	履约时间：

一、目标任务指标（80分）

序号		指标名称	分值	目标值	指标定义及计算公式	评价标准
1	关键绩效指标（≤8项）	鉴定计划完成率	40	100%	按时完成年度鉴定工作计划	根据年度鉴定工作计划内容，未完成一项扣10分
1	重点工作任务指标	鉴定资格审查	5	100%	按鉴定公告要求，对申报鉴定人员资格审查正确率100%	申报鉴定人员资格审查正确率100%，得满分，有一项不正确扣0.5分
2		鉴定准考证制作	5	100%	鉴定准考证制作规范，准考证制作、发放正确率100%	完成目标值，得满分，有一项不符合要求扣0.5分
3		鉴定证照管理	5	符合上级要求	鉴定证照及时更换，完好率100%	证照及时更换，完好率100%，得满分，有一项不符合要求扣0.5分
4		鉴定内部管理	5	符合上级要求	鉴定内部管理制度完成率100%，符合鉴定要求	鉴定内部管理制度完成率100%，得满分，有一项不符合要求扣1分
5		鉴定计划安排	5	符合上级要求	根据鉴定工作制订鉴定计划，执行完成率100%	每场鉴定公示制度执行率低于100%，扣0.5分；每发生一次国家实投诉、集体作弊事件扣0.5分

（续表）

序号	重点工作任务指标		权重	评价标准
6	证书制作	5	符合上级要求	证书制作正确率100% ｜ 证书制作正确率100%，得满分，错误或缺失扣0.5分
7	证书发放	5	符合上级要求	证书发放正确率100% ｜ 证书及时发放并执行发放手续，正确率100% ｜ 未及时发放，扣1分；不符合要求扣1分
8	鉴定印章管理	5	符合上级要求	鉴定印章审核后执行验印率100% ｜ 未审核盖章，扣1分；验印不符合要求扣1分

二、综合评价（20分）

序号	评价指标	权重	评价标准（考核得分＝∑级别分×指标权重）			
			I级（0~3分）	II级（4~10分）	III级（11~16分）	IV级（17~20分）
1	劳动纪律	20%	无故缺勤	按规出勤	主动作为	率先垂范
			工作消极	态度端正	勤奋敬业	勇于担当
2	工作态度	20%	缺乏自律	遵章守纪	以身作则	富有激情
			工作懈怠	严谨细致	执行有力	甘于奉献
3	工作能力	40%	业务生疏	履职尽责	业务熟练	业务精通
			协调不畅	团结协作	破解难题	驾驭全局
4	创新精神	20%	墨守成规	主动学习	激励他人	系统思考
			推诿敷衍	容忍差错	行动有力	科学决策

双方确认签字

被考核人：　　　　　　　　签订日期：

绩效经理人：

附表：5.1-4

职业技能鉴定管理人员（考务管理）年度绩效合约

鉴定机构名称	xxx国家职业技能鉴定站	岗位：考务管理	姓名：	履约时间：

一、目标任务指标（80分）

序号	指标名称		分值	目标值	指标定义及计算公式	评价标准
1	关键绩效指标（≤8项）	鉴定计划完成率	40	100%	按时完成年度鉴定工作计划	根据年度鉴定工作计划内容，未完成一项扣10分
1	重点工作任务指标	考务组织管理实施	5	100%	按鉴定工作计划要求，鉴定流程执行正确率100%	鉴定人员流程完成，正确率100%，得满分，有一项不正确扣0.5分
2		鉴定准考证管理	5	100%	鉴定准考证制作规范，准考证制作，发放正确率100%	完成目标值，得满分，有一项不符合要求扣0.5分
3		考评人员培训与聘用	5	符合上级要求	定期对考评员进行培训与聘用，完成率100%	项目确定正确率100%，得满分，有应培训未培训的扣0.5分
4		鉴定题库管理	5	符合上级要求	鉴定试题库正确率100%，符合鉴定要求	鉴定试题库正确率100%，得满分，有一项不符合要求扣1分
5		鉴定软件维护	5	符合上级要求	对鉴定相关管理软件及试题库维护，正确率100%，不发生系统崩溃等问题	鉴定软件正确率低于100%，扣0.5分

（续表）

序号	重点工作任务指标		权重	评价标准	评分标准
6	统计报表	符合上级要求	5	各类鉴定统计报表正确率100%	各类鉴定统计报表正确率100%，得满分，每发生一项不符合要求，扣0.5分
7	考评人员管理和使用	符合上级要求	5	考评员工作评价表建立率100% 考评员评价制度执行率100%	考评员工作评价表未建立，扣1分；考评员评价制度执行不符合要求扣1分
8	鉴定质量管理档案	符合上级要求	5	相应鉴定质量档案归档及时完整率100%	鉴定质量档案有一项不完整，扣0.5分；鉴定质量档案归档不及时，扣2分

二、综合评价（20分）

序号	评价指标	权重	评价标准（考核得分＝Σ级别分×指标权重）			
			I级（0～3分）	II级（4～10分）	III级（11～16分）	IV级（17～20分）
1	劳动纪律	20%	无故缺勤 工作消极	按规出勤 态度端正	主动作为 勤奋敬业	率先垂范 勇于担当
2	工作态度	20%	缺乏自律 工作懈怠	遵章守纪 严谨细致	以身作则 执行有力	富有激情 甘于奉献
3	工作能力	40%	业务生疏 协调不畅	履职尽责 团结协作	业务熟练 破解难题	业务精通 驾驭全局
4	创新精神	20%	墨守成规 推诿敷衍	主动学习 容忍差错	激励他人 行动有力	系统思考 科学决策

双方确认签字

被考核人：　　　　　　　　　　　考核日期：

绩效经理人：　　　　　　　　　　签订日期：

附表：5.1－5

职业技能鉴定管理人员（试题管理）年度绩效合约

| 鉴定机构名称 | ×××国家职业技能鉴定站 | | 岗位：试题管理 | 姓名： | 履约时间： |

考 核 内 容

一、目标任务指标（80分）

序号	指标名称		分值	目标值	指标定义及计算公式	评价标准
1	关键绩效指标（≤8项）	鉴定计划完成率	40	100%	按时完成年度鉴定工作计划	根据年度鉴定工作计划内容，未完成一项扣10分
1		鉴定试卷传输	5	100%	按鉴定保密要求，对鉴定试卷专人负责传输，完成率100%	申报鉴定人员资格审查正确率100%，得满分，有一项不正确扣0.5分
2		鉴定试卷保管	5	100%	按鉴定试卷制度要求，对鉴定试卷专人保管，完成率100%	完成目标值，得满分，试卷丢失、破损不符合要求扣0.5分
3	重点工作任务指标	协助鉴定试卷批阅	5	符合上级要求	鉴定考核试卷手续齐全，项目确定正确率100%	鉴定考核试卷，项目确定正确率100%，得满分，有一项不符合要求扣0.5分
4		鉴定试卷管理	5	符合上级要求	鉴定试卷完好率100%，流程符合鉴定试卷管理要求	鉴定试卷完好率100%，得满分，有一项不符合鉴定试卷管理要求扣1分
5		协助鉴定试卷组卷	5	符合上级要求	鉴定试卷组卷标准规范、题型、分值，试题内容正确率100%	每场鉴定试卷正确率100%，发现试卷错误扣0.5分；每发生一次严重错误事件扣1分

（续表）

序号	重点工作任务指标			权重	
6	协助鉴定试卷审核	各类鉴定试卷审核正确率100%	符合上级要求	5	各类鉴定试卷审核正确率100%，得满分，每发生一项错误，扣0.5分
7	鉴定试卷移交	鉴定试卷移交手续完成，试卷数目正确100%	符合上级要求	5	移交手续不全，扣1分；试卷数目不对扣1分
8	鉴定试卷档案	试卷档案归档及时完整率100%	符合上级要求	5	试卷档案有一项不完整，扣0.5分；鉴定档案归档不及时，扣2分

二、综合评价（20分）

序号	评价指标	权重	评价标准（考核得分＝Σ级别分×指标权重）			
			I级（0~3分）	II级（4~10分）	III级（11~16分）	IV级（17~20分）
1	劳动纪律	20%	无故缺勤 工作消极	按规出勤 态度端正	主动作为 勤奋敬业	率先垂范 勇于担当
2	工作态度	20%	缺乏自律 工作懈怠	遵章守纪 严谨细致	以身作则 执行有力	富有激情 甘于奉献
3	工作能力	40%	业务生疏 协调不畅	履职尽责 团结协作	业务熟练 破解难题	业务精通 驾驭全局
4	创新精神	20%	墨守成规 推诿敷衍	主动学习 各忍差错	激励他人 行动有力	系统思考 科学决策

双方确认签字

被考核人：　　　　　　　绩效经理人：

签订日期：

附表：5.2－1

安徽省电力行业职业技能鉴定考评员档案登记表

鉴定机构名称：

登记日期：

序号	姓名	性别	身份证号码	所在工作单位	职称或等级	鉴定职业（工种）	考评员等级	证书编号	证书有效时间	联系电话（手机）	备注
1											
2											
3											
4											
5											
6											
7											
8											
9											
10											
11											
12											
13											

附表：5.2－2

安徽省电力行业职业技能鉴定考评员工作计划表

鉴定机构名称：　　　　　　　　工作项目：

序号	单位	工种															总计	鉴定时间	鉴定地点	鉴定人员
		抄表收费核算员			电力负荷控制员			用电监察员			用电客户受理员			装表接电工						
		初级工	中级工	高级工	初级工	中级工	高级工	初级工	中级工	高级工	初级工	中级工	高级工	初级工	中级工	高级工				
1																				组长： 人员：
	合计																			
2																				组长： 人员：
	合计																			
3																				组长： 人员：
	合计																			

附表：5.2－3

安徽省电力行业职业技能鉴定考评员
派遣单（存根）

皖鉴字〔20　〕　号

今派遣　等　名考评人员参加　鉴定站　　项目鉴定考评工作。

编号	工作单位	姓名	考评专业/级别

鉴定中心（章）　　　　　　　　　年　月　日

安徽省电力行业职业技能鉴定考评员派遣单

皖鉴字〔20 　〕 　号

今派遣　等 　名考评人员参加 　鉴定站 　项目鉴定考核，请按考评员管理要求组织好相应的鉴定考评工作。

编号	工作单位	姓名	考评专业/级别

鉴定中心（章）

年　月　日

附表：5.2－4

安徽省电力行业职业技能鉴定考评员考核评价表

考评员姓名		工作时间					
工作项目							
序号	评 价 内 容	评价等级					备注
		优秀	良好	合格	不合格		
1	掌握职业技能鉴定有关法律、法规和政策程度，考评业务技术熟练程度。						
2	按照规定要求在经审核批准规定的职业、等级和类别范围内对职业技能鉴定对象进行考核和评审工作。						
3	独立完成考评任务，认真履行考评职责，严格执行鉴定规程和考场规则。						
4	考评人员在执行鉴定任务时应佩戴考评人员证卡，严肃工作作风。						
5	评定成绩时，严格按照评分标准及要求评分。						

（续表）

6	保持高度的职业道德水平修养，忠于职守、公平正派，清正廉洁，坚决抵制来自任何方面的影响或改变考评结果的要求；严格执行回避制度。				
7	严格遵守职业技能鉴定工作的各项保密制度。				
8	接受劳动保障行政部门和职业技能鉴定中心的监督检查，接受职业技能鉴定质量督导人员的技术指导和监督。				
评语	综合评价：				

考评小组负责人签字：

鉴定站长签字：

鉴定站盖章：

附表：5.2－5

安徽省电力行业职业技能鉴定考评员工作信息档案表

建档时间：

序号	姓名	考评工种	考评员等级	证书编号	证书有效时间	联系电话	工作项目（一）				工作项目（二）			
							工作时间	工作内容	职务	完成评价	工作时间	工作内容	职务	完成评价
1														
2														
3														
4														
5														
6														
7														
8														
9														
10														
11														
12														
13														

鉴定站名称：

站长（签字）：　　　　　　　　统计人（签字）：

注：1. 职务栏填写组长、副组长、成员

2. 完成评价分：优秀、良好、合格、不合格四档

附表：5.2－6

安徽省电力行业职业技能鉴定考评员业务培训登记表

培训年度：

序号	姓名	考评工种	考评员等级	证书编号	证书有效时间	联系电话	培训项目（一）				培训项目（二）			
							培训时间	培训地点	培训单位	培训内容	培训时间	培训地点	培训单位	培训内容
1														
2														
3														
4														
5														
6														
7														
8														
9														
10														
11														
12														
13														

鉴定站名称：　　　　　　　　　　站长（签字）：　　　　　　　　　　统计人（签字）：

注：培训项目栏可继续向右延续项目三、四…

附表：7.1-1

年度 电力行业职业技能鉴定工作计划

工作名称	工作内容	组织部门	1月	2月	3月	4月	5月	6月	7月	8月	9月	10月	11月	12月
制订计划	根据鉴定中心工作安排，制订技能鉴定计划	鉴定中心、各鉴定站协助												
公告发布	根据鉴定计划，鉴定中心发布总鉴定公告，各鉴定站发布具体鉴定公告	鉴定中心、各鉴定站												
考试报名	申报单位组织申报人员按要求准备申报材料报名，并初审鉴定报名资格	申报单位												
报名资格审核（初、中、高、技师）	鉴定中心组织鉴定报名审查会受理、审核申报材料，资格审核通过后，报鉴定中心审批，并将审批结果反馈报名单位	鉴定中心、各鉴定站												

（续表）

工作名称	工作内容	组织部门	1月	2月	3月	4月	5月	6月	7月	8月	9月	10月	11月	12月
理论考试	鉴定站组织完成理论考试各项工作	各鉴定站、鉴定中心指导												
实操考试	鉴定站组织完成实操考试各项工作	各鉴定站、鉴定中心指导												
成绩评定	鉴定站组织考评员，完成成绩评定工作，并将数据信息分析统计后录入系统	各鉴定站												
成绩公布	鉴定站将鉴定成绩报鉴定中心，审批后公布成绩	各鉴定站、鉴定中心												
证书发放	鉴定站发放鉴定合格证书，申报单位领取证书	各鉴定站、申报单位												

附表：7.1－2

年度电力行业职业技能鉴定工作安排表

序号	鉴定单位	鉴定时间	鉴定工种	鉴定等级	鉴定人数	备注
1						
2						
3						
4						
5						
6						
7						
8						
9						
10						
11						
12						
13						
合计						

附表：8.2－1

安徽省电力行业职业技能鉴定申请登记表

姓名		性别		出生年月		照片 （二寸）
文化程度				所学专业		
身份证号码						
工作单位				电　话		
联系地址				邮　编		
专业工龄		取证工种		取证时间		现技术等级	
申报工种				申报工种工龄		申报等级	
符合放宽申报、免试条件							

个人工作简历		申报单位意见	盖　章 年　月　日

鉴定	理论知识考试成绩		鉴定时间	
	技能考核成绩		鉴定时间	
	专门技能考核成绩		鉴定时间	
	相关知识考核成绩		鉴定时间	
	鉴定结果			

证书编号		发证时间	

鉴定站	盖章　年月日	鉴定中心	盖章　年月日

附表：8.2－2

×××年度安徽省电力行业申报技师鉴定（评审）报名汇总表

报送单位（公章）：　　　　　联系人：　　　　　电话（系统）：　　　　　手机：

序号	报送单位	工作单位	工作岗位	姓名	ERP人员ID	农电工标识	性别	身份证号码	文化程度	取得职业资格（专业技术资格）及等级情况			申报工种名称	工种代码	工种工龄	申报类型	备注
										取证时间	工种（专业）名称	等级					
1																	
2																	
3																	
4																	
5																	
6																	
7																	
8																	
9																	
10																	

（续表）

序号	报送单位	工作单位	工作岗位	姓名	ERP人员ID	农电工标识	性别	身份证号码	文化程度	取得职业资格（专业技术资格）及等级情况			申报工种名称	工种代码	工龄	申报类型	备注
										取证时间	工种（专业）名称	等级					
11																	
12																	
13																	

填写说明：

1. 报送单位是指市公司或直属单位等汇总报名单位。工作单位是指市公司或县公司；工作岗位是指单位内所在部门或工区等一级机构名称加上岗位名称。"农电工标识"栏目不填则默认为"否"。国网公司系统全民工及农电工必须填写"ERP人员ID"，否则预视为系统外职工，有关情况需在备注中说明。

2. 为方便汇总，表格项目请勿改动，表格时间字段一律用8位字符如"YYYY.MM.DD"格式填写，例"2008.12.31"。

3. "文化程度"栏目请填写本人获取的最高学历（学位情况），所填时间同等学历以下内容：高中、职高、技校、中专、大专、大学本科、硕士研究生、博士研究生。

4. "工种名称"、"申报工种名称"、"工种代码"、"资格转评"请严格按照附件中的工种名称填写。

5. 在申报类型中注明"正常晋升"；如有破格申报或补考的需在备注中说明，如"破格申报"、"补考理论"、"补考技能"。

6. 县公司报名人员经所在地市公司汇总后按此表格样式由地市公司等报名单位统一报送EXCEL文件。

107

附表：8.2-3

安徽省电力行业职业技能鉴定报名贴相片模板

2寸照片	2寸照片	2寸照片	2寸照片	2寸照片
姓名 工种	姓名 工种	姓名 工种	姓名 工种	姓名 工种

2寸照片	2寸照片	2寸照片	2寸照片	2寸照片
姓名 工种	姓名 工种	姓名 工种	姓名 工种	姓名 工种

贴照片说明：

1. 每个位置贴一人照片（免冠彩照2张）顺序必须与《申报表》顺序一致，使用A4纸（横、竖版不限），每行贴照片数量不限。

2. 照片背面胶水只粘贴上面1/3部分。

3. 照片背面要注明姓名、工种，重名的注明单位。

附表：8.3－1

×××年　职业技能鉴定报名资格审查情况登记表

登记时间：××××－××－××

序号	单位	报名人数（人）	审核不合格（人）	备　注
1				
2				
3				
4				
5				
6				
7				
8				
9				
10				
11				
12				
13				
14				
15				
	合　计			

附表：8.3-2

安徽省电力行业职业技能鉴定报名汇总表（初、中、高级）

序号	报送单位	姓名	性别	ERP员工号	员工性质	身份证号码	文化程度	工作单位	现工种名称	现等级	取证时间	申报工种名称	申报工种代码	许可鉴定站	申报工种工龄	申报等级	审核情况	备注
1																		
2																		
3																		
4																		
5																		
6																		
7																		
8																		
9																		

填表人：　　　　　　　　　　　审核人：　　　　　　　　　　　联系电话：

说明：1. 工作单位按实际填写到市或县公司。
2. 日期一律按照表格中规定的格式填报，其中年用4位数字，月日用2位数字。
3. 审核情况在送审会上由鉴定站审核填写。

附表：8.4－1

×××年　职业技能鉴定报名情况登记表

登记时间：

序号	单位	报名人数（人）	领队	备　注
1				
2				
3				
4				
5				
6				
7				
8				
9				
10				
11				
12				
13				
14				
15				
	合　计			

附表：8.5－1

×××年 职业技能鉴定准考证发放情况登记表

登记时间：

序号	单位	份数	领证人	日期	备注
1					
2					
3					
4					
5					
6					
7					
8					
9					
10					
11					
12					
13					
14					
15					

附表：9.1－1

×××　国家职业技能鉴定出卷工作单

鉴定工种			
鉴定时间			
等级＼类别	理论	技能	实际操作
初级工			
中级工			
高级工			
技　师			

附表：9.4－1

×××国家职业技能鉴定领卷单

考试地点： 考试时间：

考场号	领卷人	备注
第一考场		
第二考场		
第三考场		
第四考场		
第五考场		
第六考场		
第七考场		
第八考场		
第九考场		
第十考场		
第十一考场		
第十二考场		
第十三考场		
第十四考场		

附表：9.4－2

×××国家职业技能鉴定签到表

鉴定时间：									
鉴定地点：									
序号	姓名	序号	姓名	序号	姓名	序号	姓名
1		18		35		52	
2		19		36		53	
3		20		37		54	
4		21		38		55	
5		22		39		56	
6		23		40		57	
7		24		41		58	
8		25		42		59	
9		26		43		60	
10		27		44		61	
11		28		45		62	
12		29		46		63	
13		30		47		64	
14		31		48		65	
15		32		49		66	
16		33		50		67	
17		34		51		68	

核查人员：

附表：9.4－3

安徽省电力行业职业技能鉴定考场记录表

鉴定站：   年   月   日

考试单位				考试工种		
考试等级		考场号		考试科目	理论	技能
应考人数		实考人数		考试时间		
				考试地点		
缺考人姓名及准考证号						
考场情况						
主考（签名）				监考（签名）		

附表：9.5－1

×××国家职业技能鉴定交卷单

考试地点：   考试时间：

考场号	交卷人	备注
第一考场		
第二考场		
第三考场		
第四考场		
第五考场		
第六考场		
第七考场		
第八考场		
第九考场		
第十考场		
第十一考场		
第十二考场		
第十三考场		
第十四考场		
第十五考场		
第十六考场		

附表：9.6-1

国家职业技能鉴定试卷存档目录表

存档试卷工种			
存档时间			
存档人			
等级 ＼ 类别	理论	技能	实际操作
初级工			
中级工			
高级工			

附表：9.7-1

安徽省电力行业职业技能鉴定成绩汇总表（初、中、高级工、技师）

序号	姓名	性别	文化程度	单位	工种	身份证	理论	技能	评定	发证日期	证书编号	等级

制表人：

制表日期：

附表：10.1－1

×××国家职业技能鉴定考评安排表

考试工种													合计人数	鉴定时间	鉴定地点
考试等级	初	中	高	初	中	高	初	中	高	初	中	高			
1															
2															
3															
4															
5															
6															
7															
8															
9															
10															
11															

附表：11.1－1

×××年度　安徽省电力行业职业技能鉴定证书汇总表

鉴定站：

填报人：

年　月　日

序号	单位	姓名	性别	身份证号码	工种名称	技术等级	鉴定成绩		所属部门	ERP 编号
							理论分	技能分		
1										
2										
3										
4										
5										
6										
7										
8										
9										
10										
11										
12										
13										

鉴定中心章：

技能鉴定站章：

附表：11.1－2

×××职业技能鉴定站
×××年度技能鉴定证书验印报告

安徽省电力行业职业技能鉴定中心：

　　××年度×月×日～×月×日技能鉴定已按计划完成，合格人员证书现已制作完毕，现将此次技能鉴定证书验印上报，请予审批。

×××鉴定站

年　月　日

鉴定合格人员证书表

工　种	级　别			总　计
总　计				

审批意见：

安徽省电力行业职业技能鉴定中心（章）

年　月　日

附表：11.2－1

安徽省电力行业职业技能鉴定证书领取表

序号	鉴定站名称	证书份数							签收人	签收日期
		初级工	中级工	高级工	技师	高级技师	合计本数		
1									
2									
3									
4									
5									
6									
7									
8									
9									
10									
11									

附表：11.3 - 1

安徽省电力行业职业技能鉴定证书发放表

序号	鉴定站名称	证书份数							鉴收人	鉴收日期
		初级工	中级工	高级工	技师	高级技师	合计本数			
1										
2										
3										
4										
5										
6										
7										
8										
9										
10										
11										

附表：12.1－1

安徽省电力行业职业技能鉴定（单位）满意度调查表

填写单位：　　　　　主管专责：　　　　　填写日期：

调查项目	满意	较满意	一般	差
报名审核情况				
考点设置				
鉴定时间安排				
试卷编排				
监考情况				
证书发放情况				
咨询回复情况				
其他建议				

鉴定机构：×××国家职业技能鉴定站

附表：12.1-2

安徽省电力行业职业技能鉴定（个人）满意度调查表

填写单位：　　　　主管专责：　　　　填写日期：

调查项目	满意	较满意	一般	差
鉴定时间安排				
考场安排、指引				
试卷编排				
考场指引				
考场服务				
监考情况				
鉴定时间安排				
其他建议				

鉴定机构：×××国家职业技能鉴定站

附表：12.1－3

安徽省电力行业职业技能鉴定满意度调查汇总表

鉴定机构：×××国家职业技能鉴定站　　　　填写日期：

调查项目	满意	较满意	一般	差	调查总数	满意率%
报名审核情况						
考点设置						
鉴定时间安排						
试卷编排						
考试指引、说明						
考场服务						
鉴定内容实际联系						
监考情况						
证书发放情况						
咨询回复情况						
其他建议						

附表：12.2－1

安徽省电力行业职业技能鉴定咨询投诉记录表

鉴定机构：（盖章）

序号	时间	单位	姓名	类型	来源渠道	事由	处理时间	办理人	处理意见	领导审核
1			咨询□ 投诉□	电话□ 邮件□ 信件□ 现场□ 上级转办□ 其他渠道□						
2			咨询□ 投诉□	电话□ 邮件□ 信件□ 现场□ 上级转办□ 其他渠道□						
3			咨询□ 投诉□	电话□ 邮件□ 信件□ 现场□ 上级转办□ 其他渠道□						
4			咨询□ 投诉□	电话□ 邮件□ 信件□ 现场□ 上级转办□ 其他渠道□						
5			咨询□ 投诉□	电话□ 邮件□ 信件□ 现场□ 上级转办□ 其他渠道□						
6			咨询□ 投诉□	电话□ 邮件□ 信件□ 现场□ 上级转办□ 其他渠道□						

（续表）

序号	时间	单位	姓名	类型	来源渠道	事由	处理时间	办理人	处理意见	领导审核
7			咨询□ 投诉□	电话□ 邮件□ 信件□ 现场□ 上级转办□ 其他渠道□						
8			咨询□ 投诉□	电话□ 邮件□ 信件□ 现场□ 上级转办□						
9			咨询□ 投诉□	电话□ 邮件□ 信件□ 现场□ 上级转办□						
10			咨询□ 投诉□	电话□ 邮件□ 信件□ 现场□ 上级转办□						